DE PAI PARA FILHOS

Meg Meeker

DE PAI PARA FILHOS

Novas Perspectivas do Papel do Pai na Criação e Educação dos Filhos

Tradução: Thaïs Costa

Copyright © 2017 by Meg Meeker. Licença exclusiva para publicação em português brasileiro cedida à nVersos Editora. Todos os direitos reservados. Publicado originalmente na língua inglesa sob o título: *Hero – Being the strong your children need*.

Hero – Being the strong father your children need foi publicado originalmente nos EUA em 2017 pela Regnery Publishing.

Diretor Editorial e de Arte
Julio César Batista

Produção Editorial
Carlos Renato

Preparação
Sueli Bergmanhs Zefa e Elisete Capellossa

Revisão
Rafaella A. Vasconcellos

Arte da Capa e Projeto gráfico
Equipe nVersos

Editoração Eletrônica
Equipe nVersos

Imagem de capa
shutterstock - ESB Professional

Dados Internacionais de Catalogação na Publicação (CIP)
(Câmara Brasileira do Livro, SP, Brasil)

Meeker, Meg
De pai para filhos : novas perspectivas do papel do pai na criação e educação dos filhos / Meg Meeker ; tradução Thaïs Costa.
-- São Paulo : nVersos, 2017.
Título original: Hero : being the strong father your children need

ISBN: 978-85-8444-163-1

1. Educação de filhos 2. Família 3. Pai e filhos
4. Parentalidade 5. Paternidade 6. Relacionamento interpessoal I. Título.
17-06932   CDD-306.8742

Índices para catálogo sistemático:

1. Pai e filho: Relacionamento: Sociologia 306.8742

1ª edição – 2017
Esta obra contempla o Acordo Ortográfico da Língua Portuguesa
Impresso no Brasil - *Printed in Brazil*
nVersos Editora: Rua Cabo Eduardo Alegre, 36 - cep: 01257060 - São Paulo – SP
Tel.: 11 3382-3000
www.nversos.com.br
nversos@nversos.com.br

Este livro é dedicado aos pais excelentes que me inspiraram a divulgar seus exemplos notáveis.

Ao meu marido Walt.

Aos meus irmãos Mike e Bob Jones, e meus cunhados Dan White, Ben McCallister e John Linfoot.

Aos pais mais jovens: Alden, Brandon, Michael, Freddy, Brad, Luke, Bo, Cory e Josh.

E para T. e Jonathan, que serão papais.

Que vocês sempre mirem os formidáveis modelos que tiveram e sigam suas orientações.

E, ainda mais importante, aos homens maravilhosos que vieram antes de todos nós: meu pai, Wally, e meu sogro, Bo. Obrigada por deixarem sua marca forte sobre todos esses homens.

SUMÁRIO

Prefácio - 9

CAPÍTULO 1
Você é um herói - 13

CAPÍTULO 2
Quem diz que você é ótimo? - 31

CAPÍTULO 3
O líder, não o treinador - 49

CAPÍTULO 4
Você não é seu pai - 65

CAPÍTULO 5
Três perguntas que você deve responder a seu filho - 83

CAPÍTULO 6
Concentre-se na jogada, não no jogo - 105

CAPÍTULO 7
Palavras: poder de curar ou machucar -121

CAPÍTULO 8
Ensine-lhes coragem e verdade - 137

CAPÍTULO 9
O significado da palavra pai -155

CAPÍTULO 10
O triunvirato vencedor do herói: perseverança, perdão e compromisso - 165

Agradecimentos - 185

Bibliografia - 187

Prefácio

Dave Ramsey

Há mais de uma década, comecei a ler os livros da Dra. Meg Meeker sobre parentalidade e fiquei impressionado com sua sabedoria e discernimento. Apreciei ainda mais sua paixão por ajudar mães e pais a enfrentarem cada virada e sobressalto no caminho para criar filhos saudáveis. Mais tarde a conheci pessoalmente e vi sua dedicação aos pais. Não demorou para que nos tornássemos grandes amigos, pois realmente somos espíritos afins.

Naquela época, meus filhos estavam no final da adolescência e no início da casa dos 20 anos. Agora, enquanto me sento para escrever o prefácio deste fabuloso livro, as coisas mudaram na família Ramsey. Todos os meus filhos estão crescidos e sou conhecido como "pappa Dave". Vejo com orgulho como meus genros lançam meus netos no ar e fazem essas criancinhas gritarem de alegria. Isso me ajuda a ter um novo olhar sobre a importância dos pais.

Curiosamente, nunca vi mães brincarem dessa forma. Talvez isso as deixe demasiado nervosas, talvez porque acreditem ser uma tarefa especial reservada para os pais, uma atividade para a qual seu desempenho é plenamente qualificado.

Como pappa Dave, posso ver claramente os diferentes papéis que mães e pais têm no desenvolvimento de uma criança saudável e confiante. Mães têm uma função absolutamente essencial no processo, mas os pais também, e isso é algo que nunca deveríamos esquecer.

Lamentavelmente, temo que muita gente esteja *se esquecendo* disso hoje em dia.

Com frequência, a Dra. Meg salienta que esta geração de pais se tornou alvo de todos os tipos de piada, sobretudo na mídia. Programas de TV, comerciais e filmes raramente retratam pais fortes. Pense bem, é difícil achar *qualquer coisa* na área de entretenimento que mostre os pais sob uma luz positiva.

Podemos colocar a culpa em Hollywood, em comédias ruins ou paródias equivocadas. Mas, seja qual for a fonte do problema, é preciso admitir que ele é real.

Em nossa cultura, muitos homens têm sido "enfraquecidos" pelos ventos de ideologia política que sopram em nosso país. Como resultado, eles perderam o assento em seus próprios lares. Assim, apesar de sua presença física, não estão espiritualmente ou emocionalmente presentes.

A Dra. Meg está absolutamente certa: homens, sobretudo os que são pais, precisam desesperadamente se reposicionar.

Quando olho meus genros com meus netinhos, só consigo pensar sobre quão importante é alguém lhes dizer apenas como eles são *valiosos*. Alguém precisa lembrar a esses rapazes, e a milhões como eles, que não são bobos da corte nem ogros. Alguém precisa estar ao lado deles para ensiná-los a ser pais excelentes do tipo que lidera suas famílias de maneira firme, gentil e amorosa.

Alguém precisa lhes dizer o quanto eles *importam* no desenvolvimento de seus filhos, caso contrário, as crianças crescerão inevitavelmente com uma lacuna paterna em suas vidas. Pais ensinam sobre risco, mas também dão a segurança de limites firmes. Pais farejam namorados indesejáveis a um quilômetro de distância e os mantêm longe de suas filhas adolescentes. E toda e qualquer "diversão" com os pais, apesar de serem diferentes daquelas que as crianças têm com as mães, são saudáveis para a vida de qualquer criança. Não estou dizendo que sejam melhores mas, simplesmente diferentes.

Quando a cultura deixa de apoiar os pais, ninguém os estima ou lhes ensina a ser ótimos, prestamos um desserviço à nossa sociedade. Precisamos ajudá-los a se tornarem homens participantes ativos na criação dos filhos e, acredito, que a Dra. Meg tenha o antídoto para essa crise. Ele a criou para perceber essa lacuna e trazer esperança a uma época como esta. Mas é justo avisá-lo que ao terminar este livro, você irá querer comprar caixotes de exemplares para dá-los para o máximo de pais possível. Ele será seu presente toda vez que se deparar com um pai com um novo bebê. E não só porque este livro é ótimo, mas porque você estará convicto do quão desesperadamente o mundo precisa dessa mensagem.

É chegada a hora dos homens deste país se erguerem, se manterem firmes e se tornarem verdadeiramente os heróis que seus filhos precisam que sejam. Acredito piamente que, com um mundo repleto de pais fortes, simplesmente não haverá limite para o que a próxima geração poderá realizar.

1
Você é um herói

Em 30 de março de 2011, segurei as mãos do meu pai pela última vez. Foram essas mãos que me ensinaram a lançar uma vara de pesca, a atirar com uma Mauser 7 mm, e me guiaram pelas ruas de Boston quando eu era pequena. Nesse dia, elas estavam macias. Antigamente elas eram calejadas devido ao trabalho ao ar livre alimentando gado ou montando cavalos; seus dedos indicadores eram manchados devido ao tabaco que ele colocava no cachimbo. Agora elas estavam macias e lisas, pois eram de um homem que padecia de demência há quatro anos. Ele não precisava mais dessas mãos como antes, mas eu ainda adorava segurá-las. Elas eram do meu pai, as mãos do *meu pai*, e por isso eram caras para mim. Enquanto as segurava naquele dia, fiz o que havia feito por meses a fio. Lia em voz alta para ele os livros de sua estante. Ele não podia falar quaisquer palavras significativas e eu me perguntava se ele me reconhecia. Queria que dissesse meu nome, mas não conseguia, e que soubesse que eram minhas as mãos que seguravam as deles.

Acho que ele sabia, pois ficava mais calmo quando me sentava ao seu lado. Às vezes, ele chorava um pouco quando ouvia minha voz.

Os últimos anos de vida do meu pai foram sofridos para mim, mas bem piores para ele. À medida que a demência se instalou, ele ficou ciente disso. E chorou muito durante meses naqueles anos de transição em que ainda estava afiado mentalmente, porém perdendo a função cognitiva sólida. Eu o encontrava sentado sozinho, chorando no sofá na sala de casa. Eu sabia o motivo do choro, mas era um desafio tranquilizá-lo de que tudo iria ficar bem. A vida não iria ficar bem para ele. Estava perdendo a conexão com qualquer coisa importante em sua vida, e de certo modo nós estávamos perdendo a conexão com ele. Transformava-se em um homem que nos parecia peculiar — mais suave e pueril. No auge de sua vida, meu pai era tudo, menos pueril. Ele era um intelectual sólido e por trás da conduta calma havia um temperamento ardente. Não precisava falar muito, sabíamos o que ele pensava, o que queria e o que acreditava a nosso respeito, sua família. Nós sabíamos que ele faria qualquer coisa que pudesse para que nada nos faltasse e para nos proteger, mas agora ele não podia mais zelar por nós como pai e ficava arrasado em reconhecer isso.

Lembro-me do último Natal que ele *sabia* que era Natal. Fomos em novembro comprar um presente para minha mãe. Fiz o pacote de presente e o coloquei na mesa da sala de jantar para que ele pudesse vê-lo todos os dias. Mas todo dia ele perguntava numerosas vezes: "Eu já comprei um presente de Natal para sua mãe?". Minha resposta era sempre a mesma: "Claro que sim, papai. Você sempre compra".

Meu pai era um médico brilhante que passou a criar gado, mas só por questão de sobrevivência. Sua prioridade sempre foi assegurar-se de cuidar bem de minha mãe, meus dois irmãos, minha irmã e eu. Importava-se tanto conosco que não queríamos decepcioná-lo, e isso nos fez pessoas melhores. Nós queríamos que ele se sentisse realizado porque *era* bem-sucedido não só em seu trabalho, mas principalmente como pai.

CAPÍTULO 1

Esse era um grande feito para ele, pois não tivera um relacionamento ótimo com seus pais. Vou abrir o jogo. Sua mãe era má. Quando tinha 13 anos, meu pai juntou dinheiro que ganhava entregando jornais e comprou um pônei, que mantinha na fazenda de uma tia. Certo dia, foi alimentar o pônei e viu que o animal havia sumido. Sua mãe o havia vendido, pois achava que o filho não precisava mais dele. Sem aviso, sem conversa sobre por que o pônei deveria ser vendido, ela simplesmente o vendeu. Meu pai ficou arrasado e, quando andávamos pelos saguões da clínica de repouso onde ficou em seus últimos dias na Terra, ele ainda falava sobre aquele pônei.

Portanto, no caso dele, ser um pai compassivo e carinhoso era uma habilidade aprendida. Acho que ele não tinha a menor pista sobre como ser um bom pai, apenas aprendeu ao longo do tempo. Isso fluiu de seu interior, pois, como qualquer um lendo este livro, ele tinha todo o aparato interno necessário para ser um ótimo pai. Isso é inato, é parte de seu DNA, e basta usá-lo. Claro que como pai ele cometeu muitos erros, mas seus êxitos os ofuscaram. Perdia a calma, mas se desculpava e vivia com humildade porque reconhecia seu descontrole em algumas ocasiões. Perdia muitos dos meus jogos de lacrosse[1], mas eu não ligava porque sabia que *ele ainda se importava*. Sabia de sua crença de que eu poderia ser bem-sucedida, entrar na faculdade de Medicina e me tornar pediatra. Ele estava sempre ansioso para perguntar sobre mim e meus irmãos, queria saber o que nós pensávamos, sentíamos, fazíamos e no que acreditávamos.

Todo verão ele insistia para que toda a família passasse duas semanas caminhando e pescando no remoto norte do

---

1 N.T. : Lacrosse é um esporte de equipe de origem norte-americana. Ele é jogado com uma bola de borracha maciça, de pequena dimensão e um bastão de cabo longo chamado de crosse ou taco de lacrosse.

Maine. Não exatamente as férias dos sonhos de uma adolescente. Com frequência, tentávamos bravamente não ir junto, mas no final meus irmãos e eu ficávamos gratos por termos ido. Essas férias sublinhavam que nós importávamos para ele e que nós nos importávamos uns com os outros.

Em 30 de março, enquanto estava sentada com meu pai antes da aproximação de sua morte, senti um desconforto intenso. Então, de onde vinha essa ansiedade? Não era um simples pesar por perder um ente querido. Era um pânico de que algo no centro da minha vida estava prestes a ruir. Isso não fazia sentido intelectualmente, mas para mim fazia todo sentido emocionalmente. Então entendi. Meu pai era minha rede de segurança, ou seja, era o eixo no centro da roda da nossa família e quando isso acabasse, o que aconteceria comigo?

Meu pai, não meu marido, era quem eu sempre pensei que podia fazer tudo ficar bem. Caso meu mundo estivesse desmoronando, era com ele que eu contava para me levantar e ajeitar tudo de novo. Lembranças de sua força calma inundaram minha mente e comecei a chorar. Lembrei do outono do meu ano de caloura na Vassar College quando tinha saudades de casa. Nas tardes de sexta-feira, meu pai dirigia 4 horas para me buscar, para que eu passasse o fim de semana em casa, e me levava de volta aos domingos. Ele nunca se queixava, apenas dirigia. Lembrei de quando fiquei em apuros no aeroporto em Denver e meu pai veio me socorrer. Eu sabia que o faria. Ele e minha mãe também estavam em Denver e, diante da alta probabilidade de uma nevasca cancelar os voos, tiveram a precaução de fazer uma reserva em um hotel por perto. Como sou teimosa, fui para o aeroporto na esperança de voltar para casa. Após muitas horas de espera para obter lugar em um voo não cancelado, liguei para eles. Meu pai já havia reservado um quarto para mim, então não tive de dormir no chão do aeroporto.

Sempre pude confiar nele, mesmo quando achava, pelo menos inicialmente, que não queria. Quando eu tinha fardos ou pressão, ele sempre os tomava para si. Caso eu estivesse em apuros, ele sempre vinha me resgatar. É isso que os pais são para seus filhos ou o que os filhos querem que sejam — um herói com quem sempre podem contar. E um dia, quando virem esse herói escapar de suas vidas como vi meu pai escapando da minha naquele dia frio de março, eles também sentirão o pânico se instalar.

Chorei mais forte porque vi claramente o que estava acontecendo na minha vida. Eu ainda teria minha mãe querida ao meu lado e meus irmãos surpreendentes. Meu marido também era um apoio enorme, mas nenhuma dessas pessoas era meu pai. Ninguém ocupou o lugar dele em meu coração e em minha vida. Sim, ele era o mais durão e difícil de conviver, mas também era o que amava de modo mais impetuoso, como apenas um pai consegue. Eu chorei por um bom motivo. Enquanto meu pai nos deixava, minha irmã se sentou perto dele. Fizemos turnos naquelas últimas horas e ela teve o privilégio de vê-lo em seus últimos instantes de vida. Vou lhe dizer por quê.

Meu pai teve uma febre altíssima que deixou seu corpo tão quente que mal podia ser tocado. Estava deitado imóvel na cama em uma espécie de coma. Não se mexia, gemia ou mostrava quaisquer sinais de desconforto. Mas, de repente, abriu os olhos e olhou para o teto no canto do quarto. Deu um suspiro de deleite e a enfermeira sentada perto dele disse: "Wally, o que você está vendo?". Minha irmã correu para seu lado vinda do quarto adjacente. Ele deu uma grande arfada e partiu.

Não há dúvida em minha mente de que meu pai partiu calmo, sereno mesmo, apesar de todo o sofrimento vivido nos últimos anos. Ele partiu, digamos, em paz, e isso me dá esperança. Preciso saber que ele está seguro e recuperado, quero imaginá-lo com seu juízo perfeito novamente (embora possa perder a paciência) e rindo. Preciso vê-lo novamente, dizer 'obrigada, pai' só mais uma vez. Preciso dizer que, embora tenha certeza de que falhou de muitas maneiras como pai e marido, ele fez mais que um trabalho bom o suficiente. Deu duro por nós, nos amou e isso significa tudo.

Pais precisam se ver como os filhos os veem. Saiba ou não, você é o centro do mundo deles, o eixo da roda que é sua família, o herói com quem eles contam. Se você não está presente ou não se empenha, eles sofrem.

Heróis desaparecidos

Recentemente, ouvi falar de um homem que tinha seis filhos com seis mulheres diferentes, mas que não conhecia nenhum deles. Eles ficaram adultos e quando um amigo perguntou por que ele nunca os vira ou procurara, o homem disse: "Agora eles não precisam de mim para nada." Que pessoa mais equivocada!

Toda criança precisa de um pai, inclusive filhos crescidos.

Quando um pai é ausente da vida das crianças, elas querem saber por quê. Ele simplesmente não se importa? Ou, como frequente e erroneamente supõem, de alguma forma elas o afugentaram? As feridas deixadas por um pai ausente são profundas, porque pais desaparecidos são heróis que sumiram sem permissão.

Há graus de ausência, é claro. Lamentavelmente, há uma epidemia de lares sem pai e de pais que não ligam para seus filhos, como aquele homem que mencionei acima. Mas há uma

CAPÍTULO 1

quantidade ainda maior de lares onde os pais são marginalizados, seja por meio do divórcio ou até mais comumente em lares onde eles são mantidos à margem. O homem vai trabalhar, volta para casa e supõe que seus filhos queiram passar o tempo sozinhos ou com a mãe, então se retira para sua toca, ou gruta masculina, e fica vendo TV.

Há um conceito errôneo de que mães são o centro do mundo de uma criança. Mães são vitalmente importantes — eu mesma sou mãe de quatro filhos. Porém, também com frequência temos a ideia de que pais são opcionais, e que muitas vezes a melhor coisa que eles têm a fazer é não atrapalhar. Eles podem ser necessários como arrimos de família ou para cuidar da lista de afazeres externos, ou talvez para disciplinar as crianças ocasionalmente, mas a suposição mais comum é que a mãe ocupa e deve ocupar o palco central.

O fato é que as crianças precisam ter mães e pais atuando juntos, e quando isso ocorre, a vida dos filhos é enriquecida emocional, espiritual e intelectualmente, e, posso afirmar como pediatra, até fisicamente. Crianças de famílias nas quais há a atuação tanto do pai, quanto da mãe, têm muito mais chance de serem saudáveis e felizes.

Vou dizer novamente — mães são absolutamente necessárias, *os pais também, e para as crianças o pai e a mãe são o centro da família*. A mãe pode ouvir com benevolência ou fazer um curativo em um joelho ralado, mas o pai é visto como um herói que pode vencer qualquer desafio enfrentado pela família. E adivinhem só... Vocês, pais, são ideais para lidar com essa pressão, vencer esses desafios, sustentar e proteger a família.

Vejamos o que acontece com as crianças quando vocês suportam essa pressão pelo bem da família. Crianças com pais estáveis e envolvidos:

- Têm níveis bem mais altos de autocontrole, confiança e sociabilidade.
- Na adolescência, são muito menos propensas a aderir a comportamentos arriscados.
- São muito menos propensas a ter problemas comportamentais ou psicológicos.
- São muito menos propensas a virar delinquentes (isso se aplica sobretudo a famílias de baixa renda).
- Saem-se melhor em testes cognitivos e tiram notas melhores.
- São mais propensas a se tornarem jovens adultos com níveis mais altos de realização econômica e educacional, sucesso na carreira, competência ocupacional e bem-estar psicológico.
- Estudos sugerem que pais envolvidos, encorajadores e divertidos com a prole têm filhos com QIs mais altos e aptidões linguísticas e cognitivas melhores.

Claramente, quando você como pai se empenha com seus filhos, ensina-os, abraça-os, brinca com eles e os apoia, a mensagem recebida é que eles importam. Quando crianças sentem que importam a seus pais, seu mundo parece mais seguro em todos os sentidos; elas se sentem protegidas. Ciências sociais e pesquisas médicas fornecem pilhas de estatísticas sobre como as crianças prosperam em uma família com mãe e pai, e eu também tenho visto isso a cada dia nesses mais de trinta anos trabalhando com crianças e seus pais. Vi milhares de crianças crescerem, algumas com pais, outras sem, e de fato há uma enorme diferença.

Filhas que crescem sem os pais são mais propensas a se sentir "inseguras" e a buscar consolo junto a outros homens mais velhos que, com frequência, as usam e depois as abandonam. Meninas sem pai podem crescer rápido demais. É comum elas terem namorados em série, buscando segurança e afirmação, mas acabam tendo cicatrizes duradouras de insegurança, abuso, depressão e doença. Caso seja um pai que se importa com a filha, você não pode abandoná-la; você tem um papel necessário para protegê-la e mostrar como um homem deve ser.

Meninos sem pai são mais propensos a sentir ansiedade e correm risco maior de depressão; se forem os mais velhos na família, frequentemente assumem encargos que caberiam ao pai, e isso pode ser pesado demais para eles. Delegar um excesso de encargos cedo demais, o que pode acontecer em famílias sem pai, significa que os filhos perdem a infância e muitos benefícios decorrentes dessa fase da vida. Eles também precisam de proteção e de um ideal de masculinidade que os inspire. Isso provém de um pai herói.

Um filho, um trator e muitas responsabilidades

Quando Seth tinha 11 anos, sua mãe começou a perder a calma com ele. Ele se recorda de uma mudança vívida na conduta dela. Na época, achava estar fazendo algo terrível para causar os episódios que faziam com que sua mãe perdesse a paciência com ele, mas não conseguia imaginar o quê. Contou-me estava sentado à mesa da cozinha fazendo a lição de casa, então sua mãe chegava e começava a criticá-lo por ser um mau filho. Por quê? Ele não tinha certeza. Ela gritava com ele por ser bagunceiro, mesquinho com ela ou por tirar notas baixas. Nenhuma dessas acusações fazia sentido para ele, mas mesmo assim o magoavam.

Seth vivia com a mãe, o pai e um irmão mais novo na fazenda da família. Seu pai trabalhava na fazenda e os dias eram longos, sobretudo durante os meses de colheita no verão. Quando as maçãs e cerejas estavam no ponto, Seth ia para os campos e ajudava o pai. Ele disse que adorava ficar com ele manobrando o trator para apanhar as cerejas. Gostava de estar com o pai, embora ambos falassem pouco enquanto trabalhavam.

Nos primeiros dois anos do comportamento alterado de sua mãe, Seth nada disse ao pai para poupá-lo. Sabia que ele estava estressado por causa da fazenda e do trabalho. Além disso, ainda não tinha certeza de que os rompantes de sua mãe não eram sua culpa. Como gritava mais com ele do que com seu irmão mais novo, Seth achava que caso se comportasse melhor, ela pararia de gritar. Isso nunca aconteceu.

Seth então começou a ouvir o pai tentando argumentar com a mãe, e a prestar atenção nas conversas deles tarde da noite. Ele ouvia mas em vão. Ela também gritava com ele e Seth percebia a exasperação na voz do pai. Noite após noite, mês após mês, ele ouvia o pai tentando acalmar a mãe, mas isso nunca funcionava. Pelo menos, sabia que o pai estava ciente do problema.

Quando Seth tinha 13 anos, sua mãe se tornou violenta e passou a bater nele e em seu pai. Raramente ela parecia estar de bom humor, mas ele notou que ela estava dormindo mais durante o dia. Ele estava confuso e atemorizado, mas se preocupava com ela. O que ia acontecer com ela? O que ia acontecer com sua família? Seth assumiu boa parte das tarefas domésticas, como cozinhar e limpar, e instruiu seu irmão mais novo a fazer o mesmo. Notou que seu pai estava passando menos tempo na lida da fazenda e mais tempo em casa, e deixou Seth mais preocupado. Como eles ganhariam dinheiro se seu pai não estava trabalhando nos campos?

Por fim, o pai de Seth chamou os dois meninos para uma conversa à noite. Ele disse que a situação era grave. A mãe de Seth fora diagnosticada com uma doença mental e iria ficar hospitalizada por vários meses. Isso seria oneroso. Ele disse aos filhos que tentara o máximo possível ajudá-la, mas fora em vão. Seth percebeu na conversa que o pai estava fazendo muito mais para ajudar sua mãe do que ele imaginava. Estava tentando proteger os filhos e, naquele momento, Seth sentiu gratidão pelo pai.

"Precisamos fazer algo difícil, meninos", disse o pai. "Vamos vender a fazenda para custear o tratamento médico de sua mãe". O coração de Seth pesou e ele começou a chorar. As lágrimas eram por sua mãe ou por perder sua casa? Ou seria porque ele se condoía tanto por seu pai? Provavelmente por tudo isso.

Meses se passaram e a fazenda foi vendida. O pai de Seth comprou uma casa diminuta em um pequeno lote de terra e sua mãe voltou para casa quando terminou o tratamento. A vida com ela melhorou, mas não como fora quando ele era pequeno. Ele sentia falta de sua mãe original e da fazenda, assim como de trabalhar nos pomares com seu pai. À medida que ficou mais velho, Seth me disse que seu pai foi o esteio da família.

"Sem dúvida, ele é meu herói." Meu pai fez tudo o que pôde por nossa família. O peso da doença da minha mãe era enorme, mas ele o assumiu. Sei que estávamos mal financeiramente, mas meu pai se recusava a falar sobre isso. Ele sabia que meu irmão e eu estávamos apavorados e fez tudo que podia para nos manter calmos. Tanta coisa estava acontecendo sem que soubéssemos e, olhando em retrospectiva, acho que fico contente de ele ter limitado o que sabíamos. Ele nos protegeu. Só espero ser um homem assim algum dia."

A diferença entre mães e pais — e por que eles são melhores juntos

Em minhas palestras, digo algo aos pais que nem sempre cai bem. Crianças respeitam as mães, mas veem o pai como a autoridade máxima. Pais, essa é uma responsabilidade pesada. Crianças confiam nas mães, mas falam mais cuidadosamente com os pais e em um tom geralmente mais reservado.

Entre as muitas razões para isso, algumas são físicas: o pai é grande, imponente e tem uma voz forte. Mas há também razões mais profundas. Muitas crianças pequenas veem a mãe como um acessório permanente em suas vidas. Elas acreditam que as mães *têm* de amá-las e ficar com elas. É por isso que muitas delas são tão cruéis com as mães, já que supõem que elas jamais as abandonarão; o amor materno não é negociável. Mas muitas crianças não sentem o mesmo em relação ao pai e acham que têm de conquistar seu amor. Por isso, tentam com mais afinco se comportar bem perto dele. Não querem mostrar seu lado ruim e se arriscar a perdê-lo. Como pai, você pode ser totalmente empenhado e ter uma personalidade alegre, generosa e acolhedora. Mesmo assim, seus filhos ainda irão pensar que precisam conquistar seu respeito e amor. Isso é uma coisa boa, pois filhos respeitarem os pais contribui para uma vida familiar mais saudável. Crianças tendem a se comportar melhor quando o pai está em casa — respeitando sua autoridade e querendo se manter em suas boas graças.

Muitos homens se sentem pais fracassados e despidos de autoridade. Como poderia ser diferente, supõem, se eles bebem demais ou não conseguem manter um trabalho estável, ou se divorciaram das esposas? De fato, muitas mães se divorciam dos maridos imperfeitos para evitar os maus exemplos para as crianças. Mas a menos que tais pais tenham sido fisicamente ou emocionalmente abusivos, as crianças ainda os querem em suas vidas — mesmo que seus pais não façam coisa alguma direito. Crianças precisam de pais. Isso vale para *todas elas*, mas sobretudo as de famílias de baixa renda se saem melhor —comportamental, academicamente e em todos os sentidos — quando o pai está por perto. O fator--chave não é quanto dinheiro ele ganha, ou se bebe ou tem mau gênio, mas o quão ele é envolvido com a família.

Crianças e adolescentes são fundamentalmente egocêntricos. Querem a atenção dos pais e realmente não estão tão preocupados com o bem-estar deles, como a maioria dos pais acredita. Crianças tendem a pensar na própria felicidade, não na de seus pais, e isso é normal. E, acima de tudo, elas querem a segurança de um lar feliz, onde a mãe está à mão para ajudar, e o pai, para proteger.

Crianças não ligam se seus pais estão presos a um casamento infeliz, pois não os veem como marido e esposa, mas como papai e mamãe. Mamãe e papai podem ser "mais felizes" após o divórcio, mas seus filhos não; em geral, eles sentem que seu mundo desabou e ficam confusos, raivosos e ansiosos. Muitos sofrem como se um dos pais houvesse morrido. Em 99 por cento dos casos que tenho visto, não há dúvida de que as crianças são mais felizes com dois pais casados e infelizes do que com uma família dividida pelo divórcio. Com toda razão, crianças querem ficar focadas na própria felicidade, não na dos pais. Quando se preocupam com mamãe e papai, elas assumem mais pressão do que conseguem aguentar.

Um pai não precisa ser perfeito

Muitos pais ficam intimidados por suas responsabilidades; eles temem, se têm filhas, não saber nada sobre como criá-las; com filhos, podem se sentir embaraçados caso não tenham tido um bom pai como modelo. Muitos deles são perfeccionistas e sentem-se mal se não forem excelentes; e, caso se sintam péssimos, tendem a se retirar da família.

Pais me contam que quando seguraram seus bebês pela primeira vez se sentiram apavorados, assim como incapazes, inadequados, despreparados e até burros. Em vez de pedir ajuda, eles relegam os cuidados com o bebê às suas esposas, pois não querem se arriscar a falhar como pais. Não façam isso, papais. E vejam por quê.

A maioria das mães se sente da mesma forma. Eu estava na faculdade de Medicina quando nossa primeira filha nasceu. Meu pediatra me disse que como eu queria trabalhar com pediatria, não havia nada que ele precisasse me contar sobre cuidar de crianças. Eu quase irrompi em lágrimas. Tornar-se mãe é uma experiência acachapante, repleta de emoção e medo; e se você, como pai, sente o grande peso da responsabilidade, a mãe também. E se eu não puder amamentar minha filha? Eu nunca fiz isso. E se eu a deixar cair, não ouvi-la chorar à noite, esquecê-la no banco de trás do carro e ela sufocar? E se ela engasgar, parar de respirar ou tiver uma febre alta? Eu era quase uma médica e no fundo acreditava que realmente não tinha condições de ser uma boa mãe. Meu marido tampouco se sentia melhor. Ele estava trabalhando o tempo todo e se preocupava de não criar laços com ela.

Portanto, se você está com medo e se sentindo inadequado, bem-vindo ao clube dos pais. A maioria de nós se sente assim, inclusive pediatras.

A chave é não desistir ou se sentir desnecessário. Não, você não precisa aprender a amamentar. É compreensível você achar que sua esposa é mais ajeitada para trocar fraldas, vestir, dar banho e cuidar do bebê. É natural mães tenderem a assumir tudo e podem até ser muito detalhistas sobre o modo de fazer as coisas, que roupas colocar e a posição certa da cadeirinha no carro. Mas sua esposa ainda precisa de você e de sua ajuda, mesmo que nos primeiros dias você sinta com frequência que está apenas cumprindo ordens. Bebês precisam criar laços com seus pais, assim como com suas mães. Segure seu bebê sempre que puder. E acredite em mim: quanto mais você se envolver, sua esposa, seu filho e você mesmo acabarão sendo mais felizes.

Um pai e uma mãe seguem em frente

Quando Adam nasceu, Joseph estava assoberbado. Ele lembra que, ao vê-lo pela primeira vez, se sentiu esquisito, poderoso e confuso. Ele cresceu como filho único, com ambos os pais trabalhando fora de casa em tempo integral. Amava os pais, mas não se sentia próximo a eles.

Quando Adam nasceu, estava decidido a ter um relacionamento bem diferente com o filho. Independentemente de qualquer coisa, dizia ele, seu desejo era ter uma família unida que gostasse da convivência, se comunicasse bem e se apoiasse. Segundo suas palavras, ele queria principalmente estar disponível para seu filho.

Mas, à primeira vista na sala de parto, sentiu algo por dentro se desenredar. "Acho que posso ser para essa criança o que ela precisa que eu seja", confidenciou ele. Eu disse a Joseph que todos os pais têm de aprender, mas que ele tinha bastante tempo e acabaria naturalmente se tornando um pai.

Joseph e Elayne tinham um bom casamento e queriam ser ótimos pais. Quando Adam nasceu, Elayne ficou empolgada e nervosa, mas bem mais à vontade em seu papel parental do que Joseph. No decorrer das semanas seguintes, ele notou que Elayne o estava evitando. Ela passava mais tempo na cama durante o dia alegando estar simplesmente exausta. Levava Adam para o quarto do casal e os dois ficavam ali por horas. Quando Joseph tentava poupá-la e pegava o bebê, ela ficava irada.

De repente, Elayne não queria mais ver a família nem os amigos, queria ficar sossegada e com a casa silenciosa. Dormia pouco à noite e mais frequentemente durante o dia, e Joseph não sabia o que fazer. Ele trabalhava no turno da tarde, então via diariamente o que estava acontecendo até 15 horas. Sua esposa parecia uma pessoa diferente – tornou-se raivosa e hostil com ele e disse que queria o divórcio. A vida estava acabrunhante.

Joseph trouxe Adam para o *check-up* de dois meses de idade e contou o que estava acontecendo em casa. Elayne nunca agira antes dessa maneira e ele estava desesperado por ajuda. Recomendei que ela fosse ao médico porque eu suspeitava de uma depressão pós-parto. Seu médico confirmou o diagnóstico e ela teve a ajuda apropriada. Nos seis meses seguintes, com a ajuda de amigos e da família, Elayne superou a depressão. Joseph disse que aqueles dias iniciais como pai, lidando com a depressão de Elayne, foram um dos piores períodos de sua vida.

"Além de me sentir inadequado como pai, parecia que eu não conseguia fazer nada certo para Elayne. Não importa o que fizesse, eu me sentia errado. Mas depois percebi que suas críticas a mim eram por causa de sua depressão, não eram reais."

Durante a depressão dela, Joseph passou a cuidar de quase tudo relacionado a Adam. Ele o alimentava, o banhava, o levava à loja e lhe fazia companhia à noite. Dormia pouquíssimo durante esses meses cuidando dele, trabalhando e tentando ajudar Elayne. Mas finalmente as coisas melhoraram.

"De certa maneira", disse-me Elayne depois, "acho que Joe e eu ficamos gratos à minha depressão. Joe e Adam agora têm um laço que acho que não teriam se eu não houvesse adoecido. Joe acalmava Adam à noite, o alimentava, o ninava para dormir, e acabou percebendo que realmente poderia ser um ótimo pai. Sabe, os dois agora são inseparáveis."

Adam tinha 10 anos quando Elayne e eu tivemos essa conversa, e ele adorava ficar com o pai. De fato, se algo ia mal na escola, Adam preferia conversar com o pai, não com a mãe. Quando tinha uma tarde livre, queria sair para caminhar ou pescar com o pai. "Às vezes me pego sentindo ciúme. Detesto admitir isso e fico feliz de Joe estar tão envolvido com Adam, mas com frequência me sinto excluída. Sei que não é a intenção deles, mas às vezes Adam e Joe parecem viver em um mundo à parte."

"Você realmente é *excluída*?", perguntei.

"Bem, pensando bem sobre isso agora, não. É mais como se eu apenas invejasse o laço forte entre eles; acho que você diria que ainda estou um pouco insegura. E, sim, eu sei que deveria alimentar a ligação forte de Adam com o pai. Não preciso competir com isso. Nossa meta é uma família forte e a conseguimos. Saímos juntos de férias, vou aos jogos de hóquei de Adam, e não poderia desejar um filho melhor. Nosso próprio relacionamento é ótimo; o problema é que o relacionamento de Adam com meu marido é ainda melhor e fico com ciúmes!"

Adam era um garotinho emocionalmente sadio e feliz, e também afeiçoado à sua mãe, conforme toda vez que eu os via juntos. Eu também fiquei contente por Elayne ter admitido francamente sua insegurança e a compreensão de que não havia motivo para se sentir insegura.

Quando contei a muitas amigas que estava escrevendo este livro, elas me disseram que eu estava errada sobre pais, pois eles não são o eixo da roda, e sim as mães. Essa é a pura verdade quando pais vão embora; ninguém duvida da força de mães solteiras bem-sucedidas. Mas não é verdade quando os pais são empenhados. E se estiver lendo este livro, quase que certamente você quer se empenhar. Como fazer isso? Você só precisa tentar. Este livro inteiro lhe mostrará como, mas aí vão algumas ideias iniciais para começar a ser o herói de que sua família precisa.

1) *Seja forte o suficiente para aguentar o peso dos fardos familiares.* Muitos homens se tornam frustrados por suas esposas e filhos. Eu entendo: com frequência, vocês se acham desnecessários. Mas a verdade é que vocês *são* necessários.

Caro amigo, fique calmo, se concentre e seja o homem que sempre está a postos para sua família. Caso sua esposa peça mais ajuda em casa, seja mais prestativo. Reclama que você não está fazendo as coisas direito, continue tentando e pergunte o que ela quer. Seja forte o suficiente para não reagir às críticas dela contra você e, privada e polidamente, peça-lhe para não criticá-lo por dar o melhor de si, sobretudo diante das crianças, e também prometa abster-se de criticá-la quando ela estiver tentando dar o melhor de si. Casamento é uma parceria na qual é preciso atuar conjuntamente.

2) *Reduza as fricções.* Onde há discórdia, implante a paz. Homens são ótimos para resolver problemas; use bom senso em sua família. Quando veem o pai como um herói, as crianças estão buscando um modelo de força silenciosa, confiança calma e autocontrole. Quando têm explosões de raiva e gritam, crianças e adolescentes ficam descontrolados, mas sabem que isso é uma fraqueza, e não querem ver você fazendo o mesmo.

3) *Aja de acordo com suas crenças mais nobres.* A maioria dos pais que conheço quer fazer a coisa certa, e no fundo sabe o que é isso. Então digo a cada um, aja simplesmente de acordo. Você tem uma visão do que é ser um bom pai, como seu próprio pai, ou um ideal mais alto se ele não esteve presente em sua vida. Seja qual for o modelo, mantenha-o sempre em mente e tente estar à altura desse padrão. Todos nós que trabalhamos sabemos o que é "profissionalismo" e temos de abordar nosso papel como pais da mesma maneira — agindo de acordo com os padrões de comportamento que esperamos de nós mesmos como pais e mães. E, no caso dos pais, um desses padrões é o de um herói.

Heroísmo pode significar salvar um homem em combate ou resgatar alguém como faz um bombeiro. Mas há também maneiras menos dramáticas de ser herói e uma delas é ser o melhor pai possível. Toda criança quer que o pai seja um herói, e todo pai almeja ser um herói para os filhos.

2

Quem diz que você é ótimo?

Caso eu pudesse ensinar uma coisa aos pais, seria essa: seja um pai de primeira viagem, um pai solteiro ou um padrasto, ser um ótimo pai virá naturalmente — se você deixar, se estiver aberto a isso, se tentar e continuar tentando quando as coisas ficarem difíceis ou após cometer um erro.

Também com frequência, pais supõem que têm dois pés esquerdos quando se trata de exercer essa função. Nossa cultura lhes ensina isso. Por décadas, pelo menos desde os anos 1970, a cultura popular celebra as mulheres e mães, e diz que pais são desajeitados — irritáveis, amplamente indesejados e principalmente desnecessários.

Frequentei uma faculdade para mulheres nos anos 1970. Nós queríamos tudo o que achávamos que os homens tinham: mais oportunidades de trabalho, salários mais altos e, para algumas, até o "direito" de ser liberal. Estávamos determinadas a derrotar os homens em seu próprio jogo, fosse lá que tipo de jogo, e muitas de nós tiveram êxito ou achavam isso.

Travamos uma batalha dos sexos sem lembrar que elas deixam vítimas, o que certamente fizemos. Na época, não estávamos pensando em nossos futuros cônjuges ou em nossos filhos e menos ainda em nossas filhas. Não levávamos em conta como o divórcio, a liberalidade, as críticas sem fim aos homens e a negação da importância deles no lar deixariam muitos estragos.

Após trinta anos atuando como pediatra, posso afirmar que a revolução sexual foi significativa, com famílias muito mais fraturadas e frágeis do que antes e com crianças bem mais expostas a riscos físicos, por meio de uma epidemia de doenças sexualmente transmissíveis, e a riscos emocionais, por causa da ruptura dos laços afetivos de que precisam.

Hoje, mais de 70 por cento das crianças afro-americanas vivem em lares sem pai, assim como cerca de 45 por cento das crianças brancas e latinas. Tais estatísticas representam um fator social importante em razão dessas mudanças.

Em nossa cultura, pais não são considerados ótimos. De fato, em muitos casos, dificilmente eles estão na área. Mas isso ignora um fato crucial que até essas estatísticas não apreendem: toda criança acredita que o pai é um homem formidável.

É isso que seus filhos querem e esperam que você seja; e, como alguém que atendeu milhares de pais, posso afirmar que você pode ser esse homem.

Admito que inúmeros pais me disseram que seus filhos nunca lhes chamariam de "ótimos". Crianças e adolescentes podem ser tinhosos, ter ataques de raiva e xingá-lo. Mas fazem isso justamente porque precisam de você e o amam. E ficam magoados quando acham que você não liga ou não está envolvido em suas vidas.

Por trás de portas fechadas em meu consultório, crianças me contam que choram quando o pai grita com elas, pois querem desesperadamente que ele as ache maravilhosas; elas contam que pensam em você, pai, como o homem mais forte e sagaz do mundo. Acham você um homem formidável e o consideram um herói, *o herói delas* porque você é o *pai delas*; a autoridade à qual elas querem agradar mais do que qualquer outra; não só a mãe, não só o treinador nem só o professor — mas principalmente *você*.

Filhas me dizem sem pestanejar que seus pais as irritam e, a seguir, que se sentem mais seguras quando eles estão em casa. Filhos me dizem que ficam terrivelmente nervosos quando seus pais comparecem a seus jogos de beisebol ou futebol, mas se eles não aparecerem, os meninos não se sentem amados. Crianças são assim (em termos cognitivos até quem tem 18 anos é infantil) e ficam confusas com muitas coisas, menos sobre quem você é para elas.

O que elas mais querem é sua aprovação, e estão aprendendo com você o tempo todo, desde o momento em que nascem até o resto de suas vidas. Querem atingir o padrão que você estabeleceu para elas, pois você sempre será o pai delas.

Você está sendo observado

Todos nós sabemos que crianças são boas em mímica, mas quando se trata do pai, há mais do que isso. Elas estudam sua linguagem corporal e seu tom de voz a cada momento que você está por perto. Elas se agarram às suas palavras. Precisam saber o que você pensa e sente em relação a elas. Seus bons momentos contam, assim como os maus. Para pais isso pode ser amedrontador. Mas sua influência para eles é um bem enorme.

Meu marido viaja regularmente à América do Sul em missões médicas, e lembro-me de uma vez em que nosso filho, que nunca estivera em uma dessas viagens com ele, estava debatendo com a irmã se devia ir. Ele disse que não tinha interesse em Medicina, que a viagem era demasiado longa e seria quente e desconfortável. Mas a irmã o demoveu. "Você tem de ir porque precisa ver o papai trabalhar." Ver seu pai trabalhando em uma clínica missionária havia causado um enorme impacto sobre ela. Ela o viu errando no espanhol (língua na qual ela é fluente), e o viu dando o melhor de si para ajudar outras pessoas. Viu como ele lidava com todos os tipos de circunstâncias que eles nunca veriam em casa.

Nosso filho foi e teve uma experiência semelhante, além de ganhar um incrível arsenal de histórias sobre bichos-preguiça entrando no barco, formigas gigantescas e cobras caindo de árvores — vivências que guardará para sempre por causa de seu pai. Acima de tudo, viu seu pai trabalhando, lutando para ajudar pessoas — ou seja, viu o pai como um herói.

Como pai, tudo que você faz lança uma sombra gigantesca. É inevitável. Seu filho ou filha o vê de maneira diferente de como você se vê. Você se considera apenas um homem normal com defeitos ou talvez até menos que isso. Mas eles o veem como um herói, um homem formidável de quem vale a pena receber elogios. Eles irão querer imitá-lo porque veem bondade onde você talvez não perceba. Minha filha viu a bondade do meu marido; ela viu como ele ajudava os outros — o que causava um enorme impacto não só para quem era ajudado, mas também sobre ela e depois sobre seu irmão.

A cada dia que o veem, seus filhos são moldados por você. E igualmente importante, eles também são moldados por sua ausência quando você não está por perto. Portanto, tenha muito cuidado. Você é o gigante em suas vidas. Para o bem ou para o mal, você não é apenas grande, porém maior do que a vida. Quando olham o pai, as crianças querem ver o homem mais gentil, sagaz, forte e incrível da Terra, *que as ama, as respeita e tem interesse por elas; tudo isso é parte de sua grandeza.*

Bem, talvez você não tenha tido um ótimo pai em casa. Talvez seus pais fossem divorciados e raramente você visse seu pai. O mais provável é que você sentisse desesperadamente a falta dele, e ainda se amargura por ele não ter ficado a seu lado e de sua mãe. Então, você quer ser melhor do que ele foi e isso não é ruim. Mas, uma vez mais, tenha cuidado. Converso com muitos pais que nunca superaram a ausência paterna e assumem isso para si. Quando não conseguem cumprir as expectativas de seus pais porque estes lhes faltaram, os filhos podem ficar atrelados a vida inteira a uma sensação de falha, de fracassar em atingir um padrão que meninos e homens esperam que seja estabelecido para eles. Um pai ausente pode deixar um sentimento de vazio que talvez nunca seja preenchido. Você não pode mudar seu passado, mas pode ser o melhor pai e o mais empenhado possível. Seu futuro depende de decisões que você toma agora sobre o tipo de homem e de pai que pretende e vai ser.

Como pais fazem o tempo parar

Todo minuto que você passa com seus filhos se multiplica em suas mentes. Lembro-me que uma adolescente me disse: "Quando meu pai estava conosco, conversávamos toda noite por uma hora antes de eu ir para a cama. Sinto muitas saudades dele e dessas ocasiões juntos."

Outro menino me disse como ele e o pai tinham momentos deliciosos indo pescar quase todos os fins de semana no verão.

Acontece que essas histórias não são muito fidedignas. A mãe da adolescente disse: "Não, eles não conversavam todas as noites. Ele se sentava na beira da cama dela mais ou menos a cada quinze dias, quando dava vontade, e eles conversavam por quinze ou vinte minutos, não uma hora."

O pai do menino disse que *desejava* ter podido levar o filho pescar todos os fins de semana, mas isso só havia acontecido cerca de quatro vezes em um lago local. "Estou surpreso", revelou o pai. "Eram apenas saídas, não dias inteiros."

Ouvi histórias como essas centenas ou milhares de vezes. As crianças *mentem* sobre o tempo que passaram com o pai? Não. Acontece que quando um pai passa um tempo de qualidade com o filho, a experiência é ampliada. Como pai, você tem o poder de fazer o tempo parar. É o poder de fazer 15 minutos a cada quinze dias parecerem uma hora a cada noite, ou de transformar magicamente quatro saídas para pescar em um verão inteiro de pescaria.

Só você tem esse poder. Nunca ouvi crianças falarem dessa maneira sobre professores ou sobre outras pessoas que têm papéis importantes em suas vidas. Tudo gira em torno do pai ou da mãe, porque nada é mais importante para as crianças do que a aceitação e afirmação de seu pais.

Até "maus" pais podem ser ótimos

Mesmo que você tenha sido chamado de "mau pai", seus filhos ainda irão querer sua aprovação. Sejam quais forem suas circunstâncias, seu papel na vida dos filhos permanece o mesmo. Paternidade, como maternidade, é para sempre.

Ouço também com frequência pais divorciados criticarem os ex-cônjuges diante de seus filhos. Nenhuma criança jamais deveria ouvir a mãe chamar seu pai de "imprestável" ou "burro". Da mesma forma, nenhum pai jamais deveria chamar a mãe de uma criança de "louca" ou de "vadia". Mães e pais são ícones na vida das crianças e merecem respeito apesar de tudo.

Crianças querem amar seus pais e esperam que suas mães sejam fontes de benevolência e afeição incondicionais sempre à mão.

Dos pais, os filhos querem um modelo do que significa ser homem; filhas querem a afeição do pai porque isso constrói sua autoestima.

Quando pais divorciados criticam um ao outro, crianças com frequência se culpam pelo que deu errado. Por um lado, elas sabem que precisam de mamãe e papai. Por outro, sabem que o que mamãe e papai dizem geralmente é certo. E quando eles dizem coisas negativas um sobre o outro, as crianças ficam presas no meio.

A menos que a mãe ou o pai seja abusivo, toda criança precisa de ambos apesar das fragilidades e defeitos que cada um possa ter. Dados volumosos mostram como elas vão mal quando os pais não estão por perto — e eles não categorizam pais por personalidade, emprego, renda ou caráter. Toda criança precisa do pai mesmo que a mãe o considere um imbecil. E toda criança quer ver sua mãe mesmo que o pai a ache louca. Como pai, você dá o exemplo de tratar mulheres com respeito, assim como a mãe dá ou deveria dar o exemplo respeitando a paternidade.

Quando Maggie estava grávida do quarto filho, seu marido Steve perdeu o emprego. Ele adorava ser professor no ensino secundário e sabia que seria difícil achar outro posto igual na cidade. Ficou deprimido e se sentia perdido. Após Maggie ter o bebê, Steve bebia mais frequentemente, às vezes o dia inteiro.

Quando me contou sobre as bebedeiras dele, Maggie desmoronou soluçando. "Eu não sei o que fazer. Tenho quatro filhos pequenos, nenhum emprego e um marido que fica em casa o dia inteiro e bebe. Estou preocupada principalmente pelas crianças. Não é bom elas verem o pai bêbado. Ele nunca é mau, apenas desmazelado. Elas ficam constrangidas de receber os amigos. Quero me divorciar para que ele não exerça má influência sobre as crianças."

Maggie era gentil e tinha uma voz agradável. Ela adorava ser mãe e, para isso, teve que abrir mão de coisas importantes em sua vida, inclusive abdicar da carreira como enfermeira, para ficar em casa com as crianças. A família era sua prioridade, mas agora, sem o apoio do marido, ela achava que o divórcio era a única solução.

Eu perguntei se ela estava preparada para enfrentar essa decisão e argumentei, não com a pretensão de mudar sua decisão, mas sim, para que ela refletisse sobre o fato em si: "Se você se divorciar, Steve ficará com as crianças nos fins de semana e você não estará por perto para ajudar. Sei que você está com raiva dele, mas as crianças não veem um bêbado — ou não apenas um bêbado —, e sim o pai delas, e ainda querem e precisam do amor dele."

Após refletir, Maggie continuou com Steve, mas com frequência se sentia como uma mãe solteira. Ele tinha períodos de sobriedade, mas sempre acabava incorrendo no mesmo erro.

Quando todas as crianças entraram na escola, ela voltou a trabalhar em tempo integral. As crianças progrediram e começaram a cursar a faculdade. Quando sua filha mais nova já estava adiantada no ensino secundário, as duas se mudaram. Maggie não aguentava mais e o casamento acabou. Steve passou a beber ainda mais depois que ela o deixou.

Poucos anos depois, Maggie morreu de câncer de mama. Eu tive oportunidade de falar com seus filhos. Um deles disse: "Mamãe foi minha heroína. Apesar dos problemas, ela nunca criticou meu pai, pois sabia que nós precisávamos dele e o amávamos. Acho que poucas mães teriam feito isso. Como ela nunca o denegriu, tínhamos liberdade para amá-lo e nós realmente amamos nosso pai. Isso é maluquice, mas o amamos. Ligo para ele periodicamente para saber como está. Ele é meu pai".

Maggie nunca vacilou em seu compromisso com os filhos. Ela engoliu a raiva, a amargura e a mágoa, e deixou um legado para os filhos. Ela os ensinou como amar pessoas que parecem indignas disso e a honrar o pai deles independentemente de qualquer coisa.

A história de Steve com os filhos não terminou. Ele parece um mau pai e muitos o julgariam um imbecil. Mas os filhos não.

Eles o veem através dos olhos de sua mãe. E ela lhes ensinou que ele, por mais problemático que fosse, ainda tinha algo bom interiormente. Eles não podiam depender daquela bondade, mas ela lhes mostrou que essa virtude persistia.

Os filhos não esperam restaurar o relacionamento com o pai, mas têm esperança porque sabem que a história ainda não terminou e que milagres acontecem; e estão preparados para esse milagre porque todo filho e filha com um pai desestruturado anseiam por um recomeço. E com eles, você sempre inicia pelo topo.

Viva como um herói

Quando crianças entram em sua vida, você não tem de ganhar seu respeito, a menos que seja pai. Desde o momento que pousam os olhos em você, elas o admiram e o veem como um bastião de força e autoridade, e, a menos que você prove o contrário, de coragem e heroísmo. Talvez você não se sinta um herói, mas o instigo a *viver como se fosse um*. Seja o homem que *elas querem* que você seja; e, com maior frequência, o homem que *você quer ser* — e pode ser.

Uma das primeiras qualidades que seus filhos veem é que você é durão — forte o suficiente para enfrentar o mundo em prol deles. Às vezes, sobretudo na adolescência, sua força será testada porque eles quererão descobrir o quanto você é durão e se importa para valer.

Concetta cresceu em uma casa com dezesseis crianças. Nem todas viviam simultaneamente sob o mesmo teto, mas geralmente havia de cinco a dez. Seus pais, Henry e Alicia, acolhiam crianças e depois as adotavam. Concetta foi adotada quando tinha 5 anos. Nós conversamos antes de ela ir para a faculdade, e nessa época mal podia lembrar de sua vida antes da adoção. Mas as poucas lembranças que tinha eram terríveis.

Ela recordava vividamente a mudança para o novo lar.

Embora aquela casa fosse uma dádiva, ela se lembra do quanto ficou com medo ao chegar.

"Lembro-me de quando cheguei à casa de Henry e Allie. Eu estava com tanto medo. A casa deles era enorme e repleta de ruídos e quartos no andar de cima e no de baixo. Eu nunca havia vivido com irmãos ou irmãs. Era tudo acabrunhante."

"Eu tinha medo principalmente de Henry e nem olhava para ele, como também não queria que me tocasse. A ideia dele segurar minha mão ou me abraçar me dava arrepios." Ela balançou a cabeça em sinal de espanto. "Você consegue imaginar? Eu estava sinceramente apavorada com ele."

Eu podia imaginar facilmente, porque sua reação era típica de uma criança abusada, como de fato ela fora. Conheci Concetta quando ela tinha 6 anos e era frágil, medrosa e tímida. Em sua casa anterior, fora abusada pela mãe e o namorado dela. Em resultado, achava difícil confiar em alguém e raramente fazia contato visual durante aquelas primeiras visitas. Quando eu fazia perguntas, ela inclinava ou balançava a cabeça. Ocasionalmente, dirigia a mim um olhar vazio. Passaram-se dois anos até ela falar comigo. Na época, ela estava pronta para a faculdade e havia se transformado completamente. Falava facilmente sobre tudo, principalmente sobre o quanto devia a seus pais e ainda mais ao pai.

"Meu pai é um homem durão, Dra. Meg. Você sabe o que ele aguentou não só de mim, mas também de meus irmãos e irmãs. É um milagre que nos últimos dez anos, com a pressão que lhe impusemos, não tenha tido um colapso cardíaco."

No início da adolescência, Concetta havia manifestado agressivamente sua raiva acumulada dos homens, de si mesma e da vida em geral. Ela tosou o cabelo, colocou *piercings* no corpo e fez uma tatuagem. Quando o descobriu na língua dela, seu pai ficou irado, porém de uma maneira contida, e magoado.

"Nunca esquecerei a expressão no rosto do meu pai quando viu o lingote na minha língua", disse ela. Foi devastador.

CAPÍTULO 2

Fiquei perturbada porque ele estava mais triste do que raivoso. Eu sabia que ficaria em apuros e tenho certeza de que isso foi a metade da razão pela qual eu fiz isso. Eu queria ver se ele se importava para valer. Bem, eu descobri. Ele não gritou, simplesmente tomou meu telefone porque havia dito repetidas vezes que esses tipos de *piercings* eram proibidos em nossa casa e iam contra as regras da família.

"Naquele dia, ele olhou bem nos meus olhos. Abaixou o tom de voz, me disse para entregar o telefone e seus olhos estavam cheios de lágrimas. Eu realmente o magoara. Teria sido muito mais fácil se tivesse gritado comigo, mas ele nunca gritou com nenhum de nós. O que há de errado comigo, Dra. Meg? Eu sabia que o estava magoando, mas continuei magoando-o mais. E depois eu me envolvi com aquele tipo horrível. Você se lembra?"

Claro que eu me lembrava.

Aos 14 anos, Concetta conheceu um rapaz de 20 anos que trabalhava em uma oficina local. Ela escapava à noite para encontrá-lo e duas vezes achou que estava grávida.

Certa manhã, ela desceu as escadas para o desjejum. Henry viu que ela tinha um olho roxo. "Ele nunca gritava conosco, mas dessa vez berrou — em choque, creio eu, e de aflição", disse-me ela. "Ele literalmente saltou da mesa e deu um murro nela. Fiquei realmente apavorada. Eu sabia que o havia pressionado até o limite e que ele me puniria. Aqui era o fim da linha, o momento em que até meu pai me mostraria que, afinal de contas, não me amava. Eu havia pisado demais na bola para ele continuar me amando. Fechei os olhos e esperei que me agarrasse e me sacudisse."

Eu havia sabido do tal cafajeste, mas nunca soubera dessa parte da história. Concetta deu uma pausa e soluçou.

"Dra. Meg, você não vai acreditar no que aconteceu. Ele veio até mim e me enlaçou suavemente em seus braços sem dizer uma palavra. Abraçou-me e depois de novo por mais tempo. Encostei a cabeça em seu peito e podia sentir seu coração disparado. Sabia que ele ia chorar, mas queria evitar isso. Eu queria é que ele me odiasse, me agarrasse, me dissesse o quanto eu era horrível e me arrastasse para fora da sala."

"Comecei a chorar descontroladamente. Quanto mais ele me abraçava, mais eu chorava. Sinceramente, não lembro como papai e eu fomos para a sala de estar. Talvez ele tenha me levado, sei lá. Mas passamos horas — sério, foi metade do dia — conversando sentados no sofá. Eu falava mais. Ele fazia perguntas e eu seguia com a conversa e a choradeira. Não lembro o que cada um de nós disse, mas nunca esquecerei o final da conversa. Meu pai pegou minhas mãozinhas nas suas enormes. Olhou-me dentro dos olhos. 'Concetta', disse ele, 'você é minha filha preciosa'. Ele sacou essas palavras — MINHA... FILHA...PRECIOSA... — desse jeito. 'Nunca mais minha filha ficará no caminho de um homem cruel. Você está me ouvindo? Você vale bem mais que um imbecil como esse.'

"Depois desse dia, senti que ficara livre de um problema. Sei que parece loucura, mas o problema era... odiar os homens. Odiar meu passado e a mim mesma. Papai me ensinou a me ver de maneira diferente, como uma pessoa boa, e a acreditar que eu era boa. A partir daí, uma luz me iluminou e minha vida deu uma reviravolta. Simplesmente mudou. Tudo por causa do meu pai. Vou sentir muita saudade dele quando eu for para a faculdade neste outono."

Sim, Concetta, tenho de concordar que você vai sentir falta dele. Ela carregaria parte de seu pai com ela porque ele havia ajudado a curar seu coraçãozinho partido de menina e lhe transmitira sua força. Ele fora durão o suficiente para enfrentá-la e amá-la quando ela odiava a si mesma e a vida.

Ele nunca foi cruel e ela aprendeu a confiar nele. Quando ela foi para a faculdade, a força dele passou a ser sua.

Pais podem considerar as filhas um desafio especial, pois acham que não as entendem. Mas não é preciso entender sua filha para ser um bom pai. Você só precisa estar ali disponível para protegê-la, guiá-la, impor regras e afirmar o valor dela amando-a. Henry provavelmente não "entendia" Concetta; as experiências de vida dele haviam sido bem diferentes das dela; mesmo assim, ele ainda foi o melhor pai que ela poderia ter.

Durão o suficiente

Tenho falado com milhares de pais que acreditam honestamente não ter o que é preciso para lidar com adolescentes difíceis, como Concetta foi, ou até pior, mas o fazem, assim como você. Embora clichê, isso é verdade: homens são fortes e feitos para aguentar as pressões sobre si e sua família, incluindo a pressão de um adolescente rebelde. Essa é uma das razões de pais serem chamados de ótimos, como Henry, quando tudo fica resolvido.

Se você está lutando com um filho ou filha adolescente, deixe-me dar alguns conselhos. Primeiro, sempre que um adolescente diz "eu odeio você!" e bate a porta na sua cara, não leve isso para o lado pessoal. Adolescentes não têm muito autocontrole e de fato se sentem infelizes consigo mesmos. Mau comportamento quase sempre é um reflexo do que está se passando no interior de seu filho; não tem a ver com você.

Segundo, seja *sempre* o adulto. *Você* toma as decisões, não ele. Tenha altas expectativas e deixe que ele fique a par delas. Quando ele grita, mostre que você está no comando falando suavemente. Isso irá impressioná-lo bem mais do que uma disputa de gritos.

Terceiro, às vezes você tem de enxergar a criança pequena dentro do seu adolescente. Devido à sua inata natureza protetora, pais frequentemente acham isso mais fácil com filhas, que sempre serão as garotinhas do papai. Pode ser mais difícil olhar um adolescente grandão e imaginar que em seu interior há um menininho de 8 anos. É comum meninos adolescentes não lhe contarem seus problemas. Eles preferem se esconder em seus quartos ou sair e fazer coisas perigosas. Mas não importa quão grande, teimoso ou calado ele seja, ou com que frequência sai com os amigos, ele quer que você esteja envolvido em sua vida, para mostrar como ser um homem e até para orientá-lo a ter o grupo certo de amigos. O fato é que, como adolescente, ele está perdido sem você. Você pode se sentir inadequado para o desafio, mas nenhum filho pensa isso de você nem você deveria imaginar isso.

Sua ocupação mais importante é a família

Grande parte da identidade masculina está ligada ao trabalho. Mas a ocupação mais importante e gratificante que você pode ter é ser pai. Uma vida plena envolve ótimos relacionamentos, e os melhores são aqueles com os membros de sua família.

Como pai, seus grandes talentos como trabalhador têm enorme utilidade. Por serem pragmáticos, buscam soluções e entram em ação. Uma família precisa de todas essas habilidades. Precisa de pais que saibam ouvir, entender, observar e fazer. E, embora isso não implique um contracheque, a paternidade traz recompensas emocionais e espirituais que ultrapassam qualquer contracheque.

David Tyree, que tinha posição ofensiva na National Football League (NFL), é alguém que pode testemunhar que família é mais importante do que fama e fortuna. Ele foi um grande jogador de futebol americano e fez uma das jogadas mais históricas na história do Super Bowl apoiando na cabeça a bola vinda de um passe de Eli Manning. Mas, acima de tudo,

CAPÍTULO 2   45

David é realmente um ótimo pai. Muitos anos atrás, ele e eu estávamos conversando sobre a diferença entre sua vida atual e quando começou a jogar no Giants. Em 2003, o Giants de Nova York o contratou. Como atleta profissional, seus amigos e fãs supunham que ele tinha uma vida incrível. Ele era famoso, admirado, tinha um ótimo contrato e estava vivendo o sonho acalentado por milhões de rapazes, mas que pouquíssimos conseguem realizar. Mesmo assim, ele não era feliz.

Sua vida estava fora de controle e ele sabia disso. Além de beber demais, foi preso em 2004 por posse de maconha. Ele estava colocando sua saúde e sua carreira em risco.

David foi para a cadeia e teve uma epifania. Sozinho em sua cela pela primeira vez, ele me disse que fez uma oração sincera dizendo: "Senhor, só sei que preciso de você e se permitir que eu mantenha meu trabalho, ficaria muito grato."

Pouco tempo depois, sua tia pediu que ele a acompanhasse à igreja em um domingo. "Ao final da celebração", disse ele, "eu estava em um banco bem atrás na igreja, recurvado e chorando feito uma criança. Senti um forte desejo de modificar o rumo do meu destino, e eu tomei a decisão de buscar uma nova vida."

Sua namorada, grávida do segundo filho, deu-lhe um ultimato dizendo que não aguentava mais esse relacionamento instável. Ele rompeu com as outras namoradas e se casou com ela em 2004.

Hoje, eles têm sete filhos. David é um pai maravilhoso, profundamente envolvido em guiar os filhos no caminho do bem, um caminho que teve a sorte de achar a tempo, bem antes de se tornar o herói do Giants no Super Bowl XLII em 2008, quando fez uma das grandes jogadas na história da NFL. É importante salientar que poucas semanas antes do Super Bowl, a mãe de David morreu subitamente de colapso cardíaco. Ele ficou tão arrasado que não sabia se conseguiria jogar no Super Bowl. E contou que reuniu toda sua força para recuperar a determinação de ir a campo. E no maior jogo de sua vida, ele disse, "algo começou a brilhar sobre mim. Nem me lembro de ter recebido o passe de Eli. Parecia que a bola veio do nada para minha cabeça. Eu só estava deixando as coisas fluírem! As pessoas estavam incentivando. Olhando em retrospecto, tenho cem por cento de certeza que os planos e propósitos que me foram confiados foram realizados em minha vida naquele campo." Graças à sua jogada miraculosa, o Giants venceu o Patriots.

Como ex-jogador de futebol, David é obviamente dotado de força física, mas também teve a força moral e espiritual para reerguer sua vida mais uma vez, para colocar a família em primeiro lugar, e para reconhecer que dinheiro, fama e adulação não são tão bons quanto se acredita. Hoje, ele trabalha no Giants auxiliando jogadores com todas as ferramentas, recursos e informações que promovem crescimento e desenvolvimento dentro e fora de campo no quadro da NFL. A meta é que os jogadores tenham vidas íntegras e se concentrem em ser homens de bom caráter, não somente atletas.

Lidar com crianças teimosas é uma tarefa árdua, e é comum crianças difíceis saberem como manobrar os pais para obterem o que querem. Mas pais fortes e pragmáticos enxergam essas manobras bem rápido; reconhecem plenamente as razões desses desafios à autoridade — crianças teimosas estão tentando testar os pais para ver como eles se viram; e pais fortes não deixam elas fazerem isso. Eles não fracassam nesse teste de força. De fato, os pais sábios sabem que se mostrarem uma força calma dificilmente perderão a disputa.

Aqui está um segredo precioso para todos os pais relativo a crianças resolutas e teimosas: elas não querem vencer *de verdade*, e sim confirmar *sua* força, *sua* determinação, *seu* compromisso com *elas*, pois no fundo sabem que todas as suas regras são para protegê-las. Elas querem se assegurar de suas intenções. Não estou dizendo que essas situações não fiquem confusas ou que as crianças não sejam difíceis de lidar. Você, porém, não tem de ser um super-homem. Basta ser mais durão do que seu filho teimoso. Pais são ótimos nisso e, se você ficar firme, seus filhos acabarão honrando essa grandeza.

3

O líder, não o treinador

Muitos pais se consideram treinadores, guiando seus filhos e filhas para o êxito acadêmico e atlético. Às vezes eles vão mais longe e se oferecem para treinar a equipe de debate ou o time da Little League. E isso é ótimo. Sou a favor de esportes dentro da racionalidade e da criação de um laço nesse sentido com seu filho, mas não se engane: um pai não é um treinador. Um pai é um líder. E há uma grande diferença, pelo menos no meu ponto de vista.

Treinadores podem ensinar habilidades e estimular sua execução, mas é um líder que introduz visão, ou seja, uma estrutura moral para a vida ser vivida da maneira certa. É essa *sua* função — o que o presidente George H. W. Bush, que aparentemente era um ótimo pai, chamava de *essa coisa de visão*.

Liderança moral

Atualmente, os pais têm um desafio especial, pois é difícil impor liderança moral em uma sociedade que vem desmantelando valores morais tradicionais. De fato, em alguns casos tais valores foram virados de cabeça para baixo.

Mas liderança moral realmente se baseia na mesma virtude de sempre, a coragem moral, que significa ter a coragem para fazer, dizer e acreditar naquilo que você sabe que é certo. Esse senso de certo e errado vem de uma consciência bem formada — uma consciência que não cria suas próprias regras, mas se molda pela verdade absoluta. Você pode rejeitar essa ideia de verdade absoluta, mas ela não o rejeita; você estará sempre sujeito a ela. Ela está escrita em nossos corações, e eu a vejo escrita no coração de cada paciente do qual tratei e em todos os pais com os quais lidei.

Ter uma consciência moral forte, uma ideia firme do que é certo e errado, é parte de ser um homem, é parte do que define um herói, e é parte e parcela do que é preciso para um pai ser o líder moral de sua família. Isso é bem menos difícil de fazer do que parece, *pois é naturalmente parte do que você é*. Hoje, também com frequência, moralidade e certo e errado são vistos como indefiníveis. E liderança é vista como presunção. Mas esse senso de certo e errado e liderança moral estão inscritos em seu DNA e escritos em seu coração. Isso não significa que às vezes não seja difícil manter uma vida moral e ser um líder moral. É claro que sim. A verdade absoluta está escrita em nossos corações e pode acontecer de que mesmo que queiramos fazer o bem e ser bons, possamos, com frequência, fazer o contrário. A vida moral é uma batalha, mas não só uma batalha *que vale a pena*. Você tem de encará-la para ser o homem que quer ser. Seus filhos mal percebem essa batalha e têm razão em simplesmente esperar que você seja um líder moral.

Coragem moral não é uma opção. Caso você queira um relacionamento estreito com seus filhos, ela é uma necessidade e ponto final. Nada conta mais do que isso em seu relacionamento com eles, quer seja para o bem ou para o mal, conforme ilustra o relato abaixo.

Stan era divorciado e tinha três filhos: dois meninos e uma menina. Com três anos de casamento, sua esposa teve um caso com um colega. Stan e a esposa buscaram aconselhamento, mas poucos anos depois ela teve outro caso.

CAPÍTULO 3

Stan amava muito a esposa, mas não importava o que ele fizesse, nada a impedia de ter casos. Por fim, ela foi embora com seu namorado mais recente, divorciou-se de Stan e ganhou a custódia compartilhada dos filhos.

No decorrer dos anos, ele se sentiu marginalizado. Seus filhos passavam cada vez mais tempo com a mãe e diziam que ela precisava deles para não se sentir sozinha. Ele não discutia o assunto, mas estava esmagado emocionalmente.

Morava perto da ex-mulher e ficava estarrecido de ver que ela trocava o tempo todo de namorado, que ele achava não ser um bom exemplo para as crianças.

Certo dia, elas disseram que não queriam mais vê-lo. Ele imaginou que a mãe havia envenenado a mente das crianças contra ele. Elas tinham 6, 8 e 11 anos nessa época, sendo sua filha a mais velha. Nessas faixas etárias, crianças acreditam em quase qualquer coisa que o pai ou a mãe digam, e a mãe delas havia tirado vantagem disso para lhes contar mentiras terríveis sobre o pai.

Stan ficou tão infeliz, deprimido e furioso com a atitude da ex- esposa para separá-lo dos filhos que não conseguia dormir, tinha dificuldade para se concentrar no trabalho, se preocupava constantemente e escrevia cartas para os filhos, as quais nunca enviou, expondo seu lado da história. Ele não enviava as cartas porque não queria fazer à ex-mulher o mal que ela estava fazendo a ele. Mas queria ter uma parcela maior em suas vidas. E até passava de carro diante da casa deles todo dia, esperando que vissem seu carro e corressem para falar com ele. Mas eles nunca fizeram isso.

Em vez de expor suas emoções publicamente, as abafou e tentou *viver* de uma maneira que mostrasse que a mãe deles estava errada. Telefonava e escrevia para os filhos, e não temia dizer que os amava. Em seus aniversários, os levava para jantar. Sempre que podia, comparecia a seus eventos atléticos e apresentações na escola. Ele namorava, mas não deixava as mulheres passarem a noite em sua casa, imaginando que seus filhos pudessem aparecer. Nunca criticava a mãe das crianças, se empenhava em seu trabalho e também se tornou voluntário de uma entidade beneficente local que ajudava crianças em lares de adoção.

Stan vivia com determinação e guardava para si os sentimentos sobre a ex-mulher, pois não queria piorar o relacionamento já complicado de seus filhos com ela. Ele podia facilmente ter desistido de tudo, mudado de cidade e começado uma vida nova. Mas não o fez porque não queria magoar os filhos. Por oito anos, teve uma vida de abnegação exemplar.

Durante o primeiro ano de faculdade, sua filha perguntou se ele iria visitá-la. "Quando cheguei ao dormitório dela, fui tomado pela emoção", disse-me Stan. "Elyana estava em lágrimas, soluçando. A princípio, tive medo de que algo horrível houvesse acontecido. Talvez ela estivesse grávida ou feito um aborto. Eu não sabia, pois havia ficado tão desligado de sua vida."

"Quando se acalmou, disse que havia sentido minha falta. Eu queria chorar, mas evitei, pois não queria que se concentrasse em mim e parasse de falar. Então deixei que ela continuasse falando. Ela contou que em todos esses anos chorava com frequência até dormir, preocupada comigo e com sua mãe. Detestava os namorados da mãe, mas nada dizia, pois a mãe parecia muito dependente dos filhos."

Ela me relatou o que a mãe dizia: "Pai, a mamãe nos contou coisas horríveis sobre você — que não nos amava como ela, que não arcava com nossas roupas nem com a escola, que nunca foi bom para ela. Ela não parava de falar como você era ruim. E só acreditei porque ela é minha mãe."

"Mas de certa maneira", disse-me Stan, "minha filha finalmente conseguiu superar tudo porque sentia minha falta, precisava de mim e percebeu que eu tinha de ser uma pessoa melhor do que sua mãe dizia. Ela precisava de ajuda e pensou em mim. Recorreu a mim, e foi maravilhoso reatar com minha filha." Tenho certeza que sim. A liderança moral de Stan compensou. Foram precisos oito anos de dedicação, coragem moral e dando bom exemplo, mesmo à distância, para que finalmente seus filhos voltassem para ele. Crianças são atraídas pela coragem moral. Todos nós somos. Mas ela é ainda mais magnética quando as crianças a veem no homem que querem admirar acima de todos os outros, seu pai.

Um líder se sacrifica

Stan se sacrificou muito pelos filhos e isso faz parte de ser um bom pai.

Pais sabem que precisam estar presentes e participativos em todos os momentos.

Às vezes, os desafios são enormes como no caso do filho de Dick e Judy Hoyt, Rick Hoyt, nascido em 1962 e que foi diagnosticado com paralisia cerebral, que causa espasmos musculares severos impedindo-o de andar e falar. Seus pais foram aconselhados a deixá-lo internado em algum local especializado, pois ele iria ser "nada mais que um vegetal". Felizmente, Dick e Judy o levaram para casa e o criaram o mais normalmente possível.

Quando tinha 12 anos, Rick ganhou um dispositivo chamado *Hope Machine* que lhe permitia se comunicar com os pais. Ele disse ao pai que queria participar de uma corrida de 8 quilômetros, a fim de conseguir dinheiro para ajudar outro adolescente com paralisia.

Para Rick "correr" no evento, seu pai também tinha de participar empurrando a cadeira de rodas do filho — e isso foi feito. Dick não era corredor, mas resolveu ser, após Rick lhe dizer que participar daquela corrida o fez se sentir como se não tivesse uma deficiência.

Dick empurrou o filho de 50 quilos em corridas de 8 quilômetros, depois em maratonas e até em triatlos, onde a dupla não só tinha de correr, como também nadar e pedalar. Para nadar juntos, Dick prendia o filho adulto com correias em uma jangada que ele amarrava com cordas em seu próprio corpo. Para pedalar, eles tinham uma bicicleta especialmente projetada na qual Rick se sentava em frente ao pai.

A dupla chegou a competir em mais de 950 corridas, incluindo 72 maratonas e seis edições de Ironman. Dick disse que assumiu esse enorme compromisso porque "amava sua família" e isso fazia Rick feliz.

Dick não era treinador. Claro que ele pode ter dado algumas instruções, inspiração e direção a Rick. Mas a maioria dos treinadores não empurra um membro da equipe por mais de 3 quilômetros em oceano aberto, pedala uma bicicleta por 180 quilômetros levando um passageiro, e depois empurra uma cadeira de rodas por mais de 41,8 quilômetros. Isso não é próprio de um treinador. É o que pais fazem pelos filhos.

Bons pais investem seu tempo, energia e conforto pessoal em benefício dos filhos, nada esperando em troca. Essa dedicação é tão natural para eles, que dificilmente se dão conta de todo esse empenho. Mas há um perigo quando os pais fazem isso não *pelas* crianças, mas a fim de fazê-las se sentir em débito com eles. Nesse caso, recomendamos cautela.

Dick Hoyt representa o tipo bom de desprendimento e dedicação. Ele não correu maratonas nem participou de competições de Ironman por serem seus sonhos de infância. E até comentou comigo que muitos espectadores nas corridas o criticavam abertamente por deixar Rick passar pelo estresse de correr. O fato é que essas pessoas não sabiam que era Rick, não Dick, que insistia em competir. À custa de muito tempo e esforço, Dick fez isso *para* Rick, só para fazer seu filho feliz, não para viver em seu lugar, não para controlar sua vida, não em busca de fama ou qualquer outra coisa. Ele fez isso *por* seu filho.

Há, no entanto, pais que sacrificam seu tempo e esforço por seus filhos de maneiras contraproducentes. Pense no treinador de beisebol da Little League, no treinador de futebol ou no treinador de hóquei no ensino secundário que fica subjugando seus atletas-alunos e, às vezes, outros, gritando com eles durante os jogos por estar obcecado em ganhar a qualquer custo (até em um jogo de beisebol para crianças de 6, 7 e 8 anos). Se você lhes perguntasse, provavelmente eles diriam que estão atuando *em prol das crianças*, mas na realidade estão fazendo isso *para si mesmos*. Eles precisam se sentir vencedores, precisam se projetar por meio dos êxitos de seus filhos e se sentem humilhados pelas falhas deles. Eles acalentam sonhos de Bobby ou Sally: se tornar um atleta profissional mesmo que as crianças não tenham esse desejo ou sejam novas demais para pensar nisso e só queiram jogar para se divertir, conforme seu direito. É comum que crianças conduzidas de maneira demasiado competitiva e exigente acabem detestando o esporte. Atletas no ensino secundário me disseram que se sentem "usados" por treinadores e pais que se comportam dessa forma. A ironia é que os treinadores que geram esse tipo de recuo muitas vezes são os mais ávidos para ser vistos na comunidade como alguém que "se importa" com crianças. Caso sejam obcecados por vitórias, eles podem se defender argumentando que a vida gira em torno de vitórias e que as crianças precisam aprender isso. Na verdade, a vida é mais complexa do que isso, ou pelo menos do que vencer no plano atlético, e a maioria das crianças sabe disso. É curioso, embora triste, que justamente os pais às vezes não reconheçam que ser um bom pai, um líder moral e um homem piedoso é bem mais importante do que ser "vencedor" em um jogo, até mesmo em um grande jogo.

Motivos confusos, pais carentes e dedicação distorcidos podem fazer mal às crianças — e elas sabem disso. Elas se sentem desconfortáveis porque a liderança, a liderança abnegada que esperam de você, está enguiçada.

Seus filhos esperam liderança abnegada de você, pois o veem como um adulto forte, íntegro e completo, afiado intelectualmente e sadio emocionalmente, e não como eles, que estão crescendo e precisando de ajuda e orientação. Eles recorrem a você para que supra suas necessidades, não o contrário.

Em minha opinião, Stephen é um pai extremamente notável. Ele trabalha como construtor, mas considera que sua função mais importante é como pai. Stephen e sua esposa Alma têm uma família grande, e um dos filhos, que eles adotaram quando tinha 6 anos, veio para a família com sérios problemas comportamentais. Abusado e depois abandonado por sua família biológica, Troy não permitia que ninguém o tocasse e podia ser grosseiro e violento com seus novos irmãos.

Stephen fez o que bons pais fazem, tentou dar uma vida estruturada a Troy explicando as regras da família, como também fez ele e todos os outros filhos as seguirem. Quando Troy ficou adolescente, seu comportamento piorou e foi mandado embora da escola. Mas Stephen e Alma insistiram que ele arranjasse um emprego; e se Troy se comportasse mal em casa, seu pai, em vez de gritar com ele, dava-lhe uma lista de tarefas fisicamente extenuantes como cortar lenha e recolher sujeira com uma pá.

Aos 18 anos, Troy saiu de casa. Quando voltou, foi na calada da noite enquanto seus pais e irmãos estavam viajando de férias.

CAPÍTULO 3

Ele arrombou a casa e roubou dinheiro e itens valiosos. Quando Stephen achou Troy e este confessou o crime, ele lhe propôs um trato. Ou Troy virava militar ou seria denunciado pelo pai à polícia.

Troy entrou no exército e, como seu pai esperava, encontrou a estrutura e a disciplina que precisava em sua vida, assim como senso de direção e algumas habilidades profissionais. Ele também se casou (com alguém de que Stephen e Alma gostam muito) e teve um filho. Stephen e Alma até convidaram a esposa e o bebê de Troy para morarem com eles enquanto ele estava servindo no exterior, a fim de aliviar parte dos encargos financeiros do jovem casal.

Vários anos depois, tive a oportunidade de falar com uma das filhas de Stephen, Cecily, que morava na casa naquela época. Ela adorava claramente seu pai, inclusive o fato de ele ser rígido. Troy não fora o único a ser disciplinado com tarefas físicas como cortar lenha. Qualquer menino da família que saísse da linha recebia tratamento semelhante. Quando se comportavam mal, as meninas tinham de correr várias voltas ao redor da casa, o que segundo ela, às vezes era muito divertido. Mas ela nunca diria isso a seu pai.

Por outro lado, disse Cecily, seu pai sempre lhes disse o quanto os amava, e era um homem gentil e generoso. Quando a esposa e o bebê de Troy estavam morando com eles, ela viu o quanto ele estava disposto a sacrificar seu próprio conforto em prol de seus filhos e netos.

Stephen raramente ia caçar, pescar ou jogar golfe com os amigos, pois vivia ocupado demais com os filhos. Quando saía de férias, levava toda a família. Ele nunca tirou folga do papel de pai ou de avô e era totalmente empenhado com sua família.

E isso só trouxe benefícios para os filhos, incluindo Troy, que amadureceu no exército, tem um casamento sólido e agora um bom emprego como civil, e, tenho alegria em dizer, finalmente reconhece como foi uma bênção ter pais como Stephen e Alma.

Um líder não segue a manada

Todos nós queremos que nossos filhos se saiam bem, tenham amigos e sejam benquistos por seus pares. Às vezes, porém, nos concentramos demais nas coisas erradas. É ótimo um filho entrar no time de beisebol ou ser brilhante em química, ou uma filha tirar sempre a nota mais alta ou se destacar no vôlei. Mas também não é ruim se seu filho ficar no banco de reservas, mas ainda gostar do jogo, ou se sua filha tirar notas medianas se é o melhor que pode fazer.

O que realmente importa não são esses feitos, mas formar o caráter de nossos filhos, pois caráter tem a ver com o que eles realmente são, não apenas como jogadores de beisebol ou alunos, mas como pessoas. Pais ajudam as crianças a crescerem em termos de caráter, e sua liderança é essencial para ajudá-las a evitarem a pressão nociva dos pares.

Você precisa estabelecer as regras e fazer aquilo que sabe que é certo (porque provavelmente você está), não importa o que outras crianças estejam fazendo o que outros pais permitam.

Tomemos como exemplo o uso do telefone celular. Pais sabem que demasiado tempo diante da tela é ruim para seus filhos e filhas. Isso pode deixar os meninos viciados em *videogames* e potencialmente alienados, ou expor as filhas a *bullying* nas redes sociais. Sem orientação apropriada, o tempo gasto com a tela pode causar muito mal às crianças, conforme eu tenho visto.

Pai, você precisa interferir, estabelecer as regras básicas e impô-las. E isso não será fácil — quando todos os amigos de Susie a

CAPÍTULO 3

solicitam o tempo todo nas redes sociais e quando seu filho, outrora atlético, bronzeado e bem-arrumado, se tornou um chato rabugento, de rosto pálido, olhar abatido e calças frouxas, cujos amigos mais próximos são companheiros de jogos que conversam com ele usando *headphones* conectados à *internet*. Colocar limites eletrônicos pode magoar os filhos no curto prazo, mas é melhor do que deixá-los prejudicarem suas vidas ou atrapalhar suas aspirações e potencial. Conforme aponta o escritor Jim Geraghty em seu divertido guia para a paternidade, *Heavy Lifting*, em coautoria com o apresentador de rádio Cam Edwards, a questão é que *videogames*, embora divertidos, são simulações de experiências reais. E não se deve investir apenas em uma vida virtual ativa e divertida. Você é capaz de mais. Para citar aquela personagem sábia que sempre aparece nos filmes de aventura, *você está destinado a muito mais*. E seja lá para o que você esteja destinado, nada vai acontecer se continuar sentado no sofá, se inclinando para a esquerda e a direita com o controle nas mãos.

Segundo minha experiência, a maioria dos pais entende prontamente os perigos que as crianças correm com aparelhos eletrônicos e está disposta a impor regras simples, sem se importar com opiniões alheias. Alguns, têm mais dificuldade ao enfrentar esse tipo de situação, pois se importam com o que outras crianças e seus pais estão fazendo; eles tendem a ser mais voltados às relações sociais e mais ligados aos pais dos amigos de seus filhos; e não querem magoar as pessoas e dizer não sempre que alguém mais estiver dizendo sim. Outros, têm um pulso mais firme e estabelecem suas próprias leis fazendo-as valer sem se importarem com a opinião alheia. E é isso que é preciso fazer. Sua família, conscientemente ou não, depende dessa habilidade e virtude.

Normalmente é o pai quem enquadra o filho adolescente sem se preocupar com o recuo dos amigos do menino. Em contrapartida, pode ajudar a esposa opinando na escolha do tipo de roupa mais adequada para a filha, mesmo quando a mãe e a adolescente sabem que é esse estilo que outras meninas estão usando. O truque, pai, é não se abalar quando sua esposa, sua filha e seu filho lhe dizem que você é antiquado, que precisa flexibilizar um pouco as regras, que eles ficarão impopulares se não puderem sair ou usar aquela minissaia. Você é forte o suficiente para contemporizar e sábio o suficiente para entender que 'ceder' de vez em quando, também pode ser uma boa alternativa. Bons líderes fazem a coisa certa quando são condescendetes com sabedoria, independentemente das opiniões alheias.

Joel Jensen treinou o time na Little League de seu filho até a rodada consolação da Série Mundial da liga. O time de Jensen, que era de Bend, Oregon, estava à frente da Itália por 6 a 0 e seu filho Isaiah estava atirando a bola ao batedor. Mas o garoto estava claramente ficando esgotado e seus arremessos de bola passaram a ficar inconsistentes. Após Isaiah abalroar um jogador, seu pai correu para a pequena elevação onde fica o lançador. Jensen não sabia que um microfone de TV captaria sua conversa com o filho.

Ele disse: "Eu só saí para dizer que amo você como pai e jogador. Você está se saindo muito bem no jogo, certo?". Então, concluiu: "Anime-se, divirta-se."

Jensen era treinador de seu filho, mas nessa conversa seu papel mais importante foi como pai e líder que confirmou para o rapaz que o amava — independentemente de ele atacar cada batedor ou abalroar todos os adversários —, que estava orgulhoso dele, e que esse grande momento, o jogo na Série Mundial da Little League, deveria ser divertido. Essa conversa será lembrada para sempre por seu filho.

Se o treinador Jensen houvesse repreendido Isaiah lhe dizendo "entre com mais garra, concentre-se mais, não decepcione

CAPÍTULO 3

seu time", ele teria ensinado ao garoto que o que realmente importa não é ele mesmo, mas o que pode fazer com uma bola de beisebol. Essa é a lição errada. Joel Jensen deu a lição certa, pois sabia que no fundo o jogo não tinha a ver com ele — nem com seu time ganhar ou ele ser o treinador vitorioso —, mas com as crianças, incluindo seu filho. Claro que para elas seria maravilhoso vencer. Porém, mais maravilhoso ainda é desfrutar o jogo como uma grande experiência. Conheço ao menos um homem cujo momento de maior orgulho como lutador no ensino secundário não veio das poucas vitórias fáceis que obteve, mas de uma dura luta competitiva que acabou perdendo.

De fato, esportes podem formar o caráter quando seguem o velho adágio: "não se trata de ganhar ou perder, e sim de como se joga o jogo." Treinadores têm de orientar para vencer, claro, e para melhorar as habilidades e senso de estratégia de seus jogadores. Mas pais líderes têm de ir além disso e ensinar aos filhos que caráter é o que importa — a disciplina, a dedicação, o esforço, o compromisso e o senso de *fair play* —, todas essas qualidades que podem ser fomentadas nos esportes e voltadas a fins maiores. É melhor do que vencer — ou perder no grande jogo mesmo que tenha dado tudo de si — é saber que seu pai o ama incondicionalmente.

Há muitas maneiras de afiar suas habilidades como líder da família. Aqui estão algumas.

1) *Seja confiante o suficiente para ensinar seus filhos a distinguirem o certo do errado.* Comece de maneira simples, mas trace linhas claras para seus filhos, como:

    a. É errado bater ou fazer mal a outra pessoa.
    b. É errado mentir e roubar.
    c. É errado desrespeitar os mais velhos (incluindo você!).
    d. É errado ser preguiçoso.

e. É errado fazer mal ou desrespeitar seu próprio corpo — nada de comer em demasia ou ficar anoréxico tentando ficar esquálido, consumir drogas, fumar e ingerir álcool.

f. É errado negligenciar suas responsabilidades, como o trabalho escolar e tarefas domésticas.

Então, diga a eles o que é certo fazer:

a. É correto e digno falar a verdade.

b. É correto ajudar outra pessoa que precisa de auxílio.

c. É correto devolver itens perdidos ao dono.

d. É correto tratar os outros como você gostaria de ser tratado.

e. É correto falar respeitosamente com professores e outros adultos (mesmo que você ache que eles não merecem).

f. É correto e digno trabalhar duro e demonstrar orgulho pelo seu trabalho.

g. É correto proteger seu corpo exercitando-se e comendo alimentos saudáveis e, quando eles forem mais velhos, aceitar suas incapacidades.

Essas regras farão seus filhos se sentirem mais seguros e até mais orgulhosos de ter você como pai.

2) *Aja abnegadamente.* Líderes sempre põe em primeiro lugar o bem-estar dos outros — em seu caso, pai, isso significa a esposa e os filhos. É crucial lembrar que sua esposa é tão merecedora de seu empenho quanto seus filhos. Nada é mais importante para um casamento sólido e feliz, e para dar a seus filhos o senso correto de perspectiva, do que tratar sua esposa com deferência, respeito, cortesia e cavalheirismo à moda antiga. Não há absolutamente nada errado em ser para ela um cavaleiro com armadura reluzente, pois certamente esse é o tipo de marido

CAPÍTULO 3 63

que você quer para sua filha e o tipo de homem que você quer que seu filho seja. O mundo seria muito melhor se pais criassem os filhos dessa maneira; se eles liderassem com abnegação e alegria em prol uns dos outros e da família.

Veja algumas maneiras de liderar abnegadamente:

a. Em vez de fazer aquela pescaria de fim de semana com seus amigos, leve a *família* no fim de semana para uma pescaria.

b. Pergunte à sua esposa como você pode ajudar nas tarefas domésticas. (Garanto que seus filhos estarão observando, sobretudo se você envolvê-los no trato: "Que tarefas *nós* podemos fazer por *você?*").

c. Pegue o dinheiro que reservou para um novo conjunto de tacos de golfe, ou algo semelhante, e ponha-o em uma poupança pensando na faculdade de seus filhos.

d. Em vez de se jogar no sofá quando chega em casa vindo do trabalho, leve sua esposa e os filhos a um jogo de beisebol ou para jantar fora, embora você esteja exausto e só querendo descansar.

e. Em vez de chegar em casa e abrir logo uma cerveja, abra a caixa de um jogo de tabuleiro para uma noitada em família. Deixe seus filhos o verem fazer algum bem ao próximo e estimule-os a fazer o mesmo.

f. Seja voluntário em uma obra de caridade, como servir sopa para pessoas necessitadas, e leve seus filhos junto.

Um dos grandes benefícios da liderança abnegada não é só fazer a coisa certa, mas ver que homens e mulheres extraordinários seus filhos serão se seguirem seu exemplo.

4
Você não é seu pai

Caso seu pai tenha sido um homem excelente, como o meu era, você tem minha permissão para pular este capítulo. Você teve um grande modelo, e isso é uma dádiva maravilhosa. Mas se você teve um relacionamento difícil com seu pai, vou lhe dar uma boa notícia: você ainda pode ter uma vida familiar feliz e um ótimo relacionamento com seus filhos. Muitos jogadores de futebol com quem eu trabalho vieram de lares sem pai, mas se comprometeram a ser os ótimos pais que queriam em suas próprias vidas, e estão conseguindo.

É impossível reescrever sua infância, mas você pode se encarregar de seu futuro. E seus filhos podem ajudar, pois *querem* um ótimo relacionamento com *você*. Pais devem ser heróis para seus filhos — e desde o primeiro dia você começa com esse *status*. Então, como dizem no futebol, você está na dianteira, e cabe a você perder ou ganhar o jogo.

Construindo um legado melhor

O desafio é aprender com suas experiências ruins e não repeti-las, nem variações delas, em sua própria família. Naturalmente, todos nós herdamos comportamentos de nossos pais. Caso seu pai grite muito, é possível que sob estresse você também tenha essa atitude, mesmo tendo jurado nunca fazer isso. Romper o padrão de comportamentos enraizados é difícil, porém viável. Como para a maioria das coisas, isso exige esforço e é preciso se empenhar, pois vale a pena. O primeiro passo para se tornar um pai melhor do que seu próprio pai é reconhecer os erros dele e, mais importante, *reconhecer como eles o afetaram na infância*. Coloque-se no próprio lugar quando menino e lembre-se de como se sentia quando seu pai gritava ou não ia ver seus jogos de bola, parecia ocupado demais para demonstrar o mínimo de interesse em você, não estava presente quando precisava dele, ou jamais estava por perto porque abandonara sua família.

Não vou tentar adivinhar como você se sente em relação a essas experiências, mas tais sentimentos são importantes, pois terão moldado o tipo de homem que você é hoje e criado desafios a serem vencidos.

Meninos e seus pais sumidos

Em minha atuação como pediatra, meninos me dizem muitas coisas sobre seus pais ausentes ou negligentes. Com frequência, o que eles me contam é acompanhado de cataratas de lágrimas. Muitos, quando são novos, criam pais imaginários para compensar o pai que nunca viram ou veem raramente. Quando ficam mais velhos, sentem a lacuna de maneira diferente.

Frequentemente se culpam achando que devem tê-lo afastado, mas é como se ele não se importasse com esse abandono. Isto, certamente, lhes deixará uma sensação duradoura de insegurança e ansiedade, que incorrerá em um questionamento se estão exercendo os mesmos padrões de seus pais.

Meninos abandonados pelos pais têm muito mais dificuldade para confiar em outras pessoas e lidar com intimidade, pois não querem colocar seus sentimentos em risco novamente. Eles podem até ter problemas para descobrir como ser um homem, e é aí que entra o papel crucial de um pai. O de orientá-los de forma construtiva para que se tornem esse homem que ele precisa ser.

Caso se identifique com alguma dessas situações, não há nada a temer e, se encarar direito seu passado, você pode superá-lo em sua vida atual.

Um de meus desafios aos pais é questionar seu amor: provem-no. Talvez seu pai nunca o tenha abraç0ado e dito que o amava, e você morra de medo de fazer isso com seu filho. NÃO TEMA. Abrace-o e diga que o ama. Você pode se sentir desajeitado a princípio, mas depois isso será extremamente gratificante, pois aprofundará e fortalecerá, ou até recuperará, o amor de sua família. Expressar amor é uma maneira ótima de superar essa falta de que você se ressentia quando era pequeno. É uma maneira de provar a si mesmo que *não* é como seu pai e que pode agir *melhor* do que ele.

E talvez, de um modo diferente, você tenha tido esse desafio antes. Caso tenha crescido sem pai, provavelmente amadureceu rapidamente, sobretudo se era o mais velho e teve de ser o "homem da casa". Ter um pouco de responsabilidade é uma coisa boa, mas tem de ser algo apropriado para a idade e talvez isso tenha sido acabrunhante para você. Muitos meninos de lares sem pai se sentem fracassados, pois não conseguiam fazer tudo que lhes pediam.

Caso tenha esses sentimentos, deixe-os de lado, pois se deu conta do trabalho de um homem quando menino, você deve se orgulhar de ter feito o melhor possível. Como pai, você pode se assegurar de que não incumbirá suas filhas nem seus filhos das responsabilidades paternas.

Ser o homem da casa

Quando tinha 17 anos, a mãe de Roland ficou grávida do primeiro filho. Ela e seu pai se casaram e cerca de dois anos depois tiveram Roland. Vários anos depois, deram a ele outro irmão e uma irmã. Sua infância teve momentos difíceis. Com pouco dinheiro, sua mãe mudava de casa com as crianças quase todo ano, ao passo que seu pai frequentemente desaparecia, às vezes por semanas. "Meu pai realmente não era um cara legal", disse-me ele. "Eu nem sei o que ele fazia ou aonde ia, mas o fato é que nunca estava por perto. Ele aparecia em nossos aniversários e no Natal, mas fora isso, sobretudo quando eu era bem pequeno, nós o víamos raramente."

Quando Roland tinha 7 anos, sua mãe finalmente decidiu que estava cansada de tentar explicar às crianças por que o pai delas nunca estava em casa, então o deixou. Ela foi trabalhar fora de casa para sustentar a família. Roland me disse que durante sua primeira infância, com seu pai ausente, ele e seu irmão se tornaram muito malandros e os melhores amigos um do outro. Eles iam à escola para tomar o desjejum e depois saíam para bater perna. Quando saiam da escola, retornavam para casa a fim de que a mãe não descobrisse que haviam matado aulas.

"Por estranho que pareça", disse ele, "meu irmão Ronnie de 10 anos era como um pai para mim. Com frequência, minha mãe o deixava no comando quando tinha de sair." Então, em um verão, sua mãe levou os quatro irmãos para visitar a família em Las Vegas, e essa seria a pior viagem de sua vida. Logo após a chegada, ela e a tia deixaram Roland, seus irmãos e seus primos em uma piscina local. Ele se lembra de seu irmão fazendo diabruras e sendo alertado pelo salva-vidas para se sentar na beira da piscina. Num piscar de olhos, Ronnie desapareceu. Ele e os primos ficaram vasculhando o parque até que alguém disse ao salva-vidas que havia uma criança no fundo da piscina. "Lembro-me de ver meu irmão estirado no cimento junto à piscina e as pessoas tentando reanimá-lo." Eu não tinha a menor ideia de que ele estava morto. Meu tio, um bombeiro que respondeu à ligação de emergência, nos levou para casa. Não me lembro do trajeto até lá, mas só sei uma coisa: quando meu irmão morreu, parte de mim também morreu e, de muitas maneiras, foi a morte da minha meninice.

"Lembro-me de ver minha mãe soluçando sentada em um lado da cama da minha tia. Olhou para mim e perguntou como isso havia acontecido. Eu tinha 8 anos e não sabia o que dizer. De alguma forma, sentia que a culpa era toda minha. Após o funeral do meu irmão, nós não falamos mais sobre ele. Acho que todos sufocaram a dor dessa experiência." Enquanto Roland relembrava sua história, eu queria alcançar e abraçar seu eu aos 8 anos.

Sua mãe os levou de volta para Ohio e a vida seguiu, mas desta vez algo mudou bastante. Além da perda de seu irmão-melhor-amigo-figura paterna, agora ele tinha de assumir o papel de Ronnie. Fiz a Roland uma pergunta que me consumia desde que comecei a presenciar o fenômeno de meninos se tornarem o "pai" em casa após a saída do verdadeiro pai. "Você se tornou automaticamente o pai em casa ou sua mãe começou a tratá-lo como o pai? O que veio primeiro— as expectativas dela de você ser o pai ou suas expectativas de ser ele?"

"Ambas as coisas aconteceram, mas primeiro minha mãe começou a me colocar no comando em sua ausência, como um tipo de pai substituto do lar, e eu aceitei. Desde que meu irmão mais velho morreu, fiquei encarregado do meu outro irmão e da minha irmã. A vida era assim", disse ele. "Muitas vezes, meninos nessa situação se rebelam na adolescência porque estão cansados de levar uma vida que não lhes caberia, mas eu não. Minha mãe nos ensinou a trabalhar duro e foi isso que fiz. Lidei com minha dor e rejeição trabalhando."

E Roland se empenhou muito. Foi para a Universidade Princeton e depois para a Faculdade de Administração Wharton. Casou-se e fundou uma família. Sua vida não foi a única a dar uma virada dramática — a de seu pai também. "Posteriormente, meu pai se tornou um cristão fervoroso, casou-se com outra mulher e teve mais dois filhos. Ele era atuante na igreja e virou um pilar da comunidade." Mas ele nunca ficou em paz com a dor que causou a Roland e seus irmãos.

Já adulto, teve um relacionamento cordial com o pai. Sempre que estavam na mesma cidade, se encontravam para partilhar uma refeição. Seu pai nunca foi cruel, rude ou aviltante. Ele era gentil com ele. Dizia ao filho que se tornara um novo homem e que sentia que recomeçara sua vida.

Quando tinha quase 40 anos, seu pai morreu. O funeral dele, assim como a morte de seu irmão, seria outro marco decisivo para ele. "Quando fui ao funeral, minha esposa, meus filhos e eu nos sentamos na segunda ou terceira fileira atrás da mulher atual e dos outros filhos do meu pai. Muitas pessoas se revezaram falando coisas positivas sobre ele. A certa altura, vi meu meio-irmão se atirar no caixão e soluçar, mas eu não derramei sequer uma lágrima. A igreja estava lotada de fiéis solidários e pessoas que diziam que meu pai havia mudado suas vidas. Um homem foi ao púlpito para contar que, quando estava na prisão, meu pai foi vê-lo e o ajudou a transformar sua vida. Eu comecei a ferver por dentro", disse Roland. "Eu queria esmurrar alguém. Desde a escola primária até a faculdade, eu havia sido excelente em todas as matérias e em esportes. E, enquanto ouvia esse homem falar, imaginei se era necessário eu ir para a prisão para conseguir todo o amor e atenção do meu pai. Eu estava arrasado. A experiência era surreal. Nós — meu irmão, minha irmã e minha mãe éramos parte do começo da vida dele e deveríamos importar. Mas em seu funeral, não houve qualquer menção especial ou sequer admissão de que nós existíamos."

Roland deixou o funeral para trás e trabalhou mais arduamente. Recentemente, entrou para o prestigioso banco de investimentos Goldman Sachs. Certo dia, um amigo o convidou para ser presidente da Iniciativa Nacional pela Paternidade. Ele aceitou e, num piscar de olhos, assumiu o cargo.

Enquanto se preparava para subir ao palco e fazer um discurso como o novo presidente para um programa comunitário de paternidade, a organização exibiu um filme no qual um estudante de doutorado entrevistava crianças sobre como era crescer sem pai.

Ele estava assistindo sentado na primeira fila quando uma menina encantadora chamada Joanna respondeu à pergunta do entrevistador. Enquanto falava, sua expressão facial mudou e ela começou a perder a compostura. Então, o entrevistador lhe perguntou: "Se houvesse apenas uma coisa que você quisesse que os pais soubessem e se lembrassem, o que seria?." Sua resposta ficou gravada na mente dele.

"Eu diria aos pais", começou ela, "*que precisam amar seus filhos.*" Então, uma lágrima deslizou em sua bochecha.

"De repente", disse Roland, "ao ouvi-la dizer isso, eu destravei. Eu estava me preparando para me dirigir às pessoas sobre a importância dos pais e, naquele momento, toda dor que há décadas estava oculta dentro de mim, jorrou e me dominou. Eu estava em lágrimas e mal podia falar."

Durante sua carreira como presidente da Iniciativa Nacional pela Paternidade, ele tem falado com milhares de homens e aprendeu muito sobre aqueles que crescem sem pais. "O que as pessoas não percebem", disse ele, "é que a rejeição paterna é tão importante quanto a rejeição materna. Quando um pai rejeita seu filho, este vive com um buraco na alma em forma do pai. Acredito que as crianças sabem, desde sua estada no ventre de suas mães, que há um pai à espera delas que lhes amará como mais ninguém. E, se seu pai não conseguir e não quiser preencher esse buraco, fica uma ferida que não cicatriza facilmente. E, que tristeza, eu, como tantos outros, sou uma alma ferida."

Assim, Roland ensina a homens que se eles não tiveram pai ou sofreram de rejeição paterna, terão esse buraco em suas almas.

Muitos homens, como ele, optam por enterrar a dor bem fundo e abafá-la com trabalho duro, rebeldia, drogas, álcool e muitas outras coisas. Ele me disse o seguinte: "Mas os homens têm de tomar uma decisão e encarar se querem interromper a dor, em vez de a descarregarem sobre os filhos. E também precisam estar dispostos a romper o ciclo, o que realmente é possível". O trabalho da Iniciativa Nacional pela Paternidade gira em torno disso — ajudar pais feridos a entenderem seu valor na vida dos filhos e a serem os melhores pais possíveis, independentemente de como era seu relacionamento com os próprios pais.

Falta de um modelo

Um amigo meu, que joga na NFL, me contou uma história linda, porém muito triste, sobre crescer sem pai. Ele amava sua mãe e sabia o quanto ela se esforçara para cuidar dele e de seus cinco irmãos. Todo Natal ele queria dar a ela o maior presente que conseguisse achar. O item não precisava ser caro, mas requeria uma caixa grande, algo para impressionar. Em um certo ano, aquela caixa enorme continha um conjunto de taças de plástico para ponche. No ano seguinte, como não achou algo maior, deu outro conjunto das mesmas taças; e no Natal seguinte, ela ganhou outro. A família não

CAPÍTULO 4

tinha muitas comemorações, mas as poucas que aconteciam eram marcadas pelas taças de ponche!

A exemplo do meu amigo que não tinha ideia de como mostrar à mãe que a amava, a não ser presenteando-a com taças de ponche no Natal, homens que crescem sem um pai frequentemente dizem não ter ideia de como ser um bom pai nem um bom marido. Eles nunca tiveram jantares em família ou ouviram a mãe e o pai conversarem como um casal amoroso ou como pais gentis e compreensivos. Nenhum pai leu para eles histórias na hora de dormir nem conversou com seus professores. Eles não têm um modelo de como ser pai.

Tenho um respeito enorme por muitos amigos meus que cresceram sem pais, mas que estão decididos a serem ótimos pais. Um grande exemplo é Rob Davis, que jogou futebol americano profissional por onze temporadas com o Green Bay Packers. Rob e seus cinco irmãos foram criados pela mãe solteira em um bairro pobre em Washington, D.C. Era difícil crescer nesse bairro. "A uma certa altura", disse-me Rob, "eu sabia que iria acabar na cadeia ou na NFL, mas estava claro em minha mente o caminho que eu queria seguir". Rob atuava sem contrato, mas persistiu até ter uma carreira muito bem-sucedida na posição de *long snapper*.

Quando perguntei a Rob como aprendera a ser um bom pai, sua resposta foi simples. Foi o exemplo que viu na casa de um amigo quando estava crescendo.

"Nunca esquecerei a sensação de estar sentado à mesa da cozinha na casa do meu amigo, jantando com ele e seus pais. Eles estavam todos juntos e eu sabia que um dia iria querer isso. Eu queria estar sentado à mesa com minha esposa e meus filhos. Nós estaríamos todos juntos ali." Esse exemplo definiu o rumo na vida de Rob Davis.

Se você não teve pai nem outro bom exemplo nesse sentido, não se preocupe. É mais fácil do que você imagina. Caso tenha tido maus exemplos quando era criança, você sabe o que evitar e, se teve bons exemplos, sabe o que imitar. Seja como for, há um ótimo pai dentro de você, pois você veio ao mundo com a missão e a capacidade para criar e cuidar da geração seguinte, para que sejam, como você, bons pais.

Rompendo maus hábitos paternos

Raiva e álcool são as duas armadilhas mais comuns que a maioria dos pais deve evitar. Muitos homens que cresceram com maus pais citam a falta de autocontrole deles, sobretudo quando se trata de controlar as próprias emoções e a ingestão de álcool. Vamos examinar esses fatores a seguir.

O pai explosivo

Muitos meninos crescem com pais que, por algum motivo, têm temperamento terrível. Alguns homens se enfurecem com suas famílias e isso é apavorante para as crianças. Caso tenha tido um pai colérico, entende o que quero dizer. Quando a gritaria começava, talvez corresse para se esconder em seu quarto ou em um guarda-roupa — ou, se fosse mais velho, talvez o tenha confrontado desafiando-o a parar e sofrido as consequências disso.

Uma masculinidade estilhaçada

Homens que vivem com um pai explosivo ou descontrolado passam maus bocados. Além de sentir medo, ameaças (se o pai os repreende) e insegurança sobre o que acontecerá a seguir, eles também têm dificuldade com a própria masculinidade. Meninos sentem que como pequenos "homens" têm o dever de proteger quem está sendo magoado na família. Caso o pai seja abusivo com a mãe, eles odeiam ver isso acontecendo com ela e querem intervir, mas isso implica magoar o pai, que gera um dilema terrível. Que criança, que homem, quer magoar o pai? Ele fica dividido entre proteger a mãe e os irmãos (se não faz isso se sente fraco e covarde) ou confrontar e possivelmente magoar o pai (do qual espera amor e admiração).

Lamento muito se seu pai foi mau, você não merecia. Nenhuma criança merece ser tratada à base de gritos, atemorizada pela pessoa que deveria protegê-la. Você sabe que palavras ásperas de um pai, como "idiota", "imprestável" ou "burro", podem devastar uma criança.

Mas talvez você também saiba por experiência própria a importância de estar alerta com sua linguagem. Sabe que tudo o que diz como pai importa e é amplificado dez vezes nos ouvidos de seus filhos, e que eles merecem respeito e compreensão tanto quanto você. Entende que na mente de uma criança um pai é o homem mais sábio que existe. Caso um pai diga ao filho que este jamais terá êxito na vida, nos esportes, nos estudos ou nos relacionamentos, provavelmente o menino achará que o pai tem razão.

De fato, muitos homens escolhem carreiras para "mostrar aos pais" que são bem-sucedidos, mesmo que ele não esteja prestando a menor atenção ou já tenha morrido. Tenho visto homens adultos continuarem a arriscar sua saúde, dinheiro e famílias, para finalmente acertar as contas com o pai.

É preciso relembrar a você, sua esposa e filhos que homens bons são intrinsicamente valiosos. Não é preciso provar coisa alguma a seu pai, se ele se dirigiu a você com raiva, ignorância ou de qualquer outra forma injusta e negativa.

Em uma família, devemos ser carinhosos, apoiar, respeitar e perdoar uns aos outros pelos defeitos e passos em falso, sobretudo quando temos boas intenções. E como pai, como líder moral de sua família, você deveria usar as experiências boas ou más que teve em sua família original, e aplicá-las para ser um pai melhor.

Talvez você não tenha tido um modelo para expressar alguma discórdia de modo respeitoso com a esposa ou a decepção com um filho. Mas talvez tenha tido um modelo para o que *não* fazer, e entender que isso pode ser a metade da batalha.

Dê uma pausa e pense, quando era menino, como queria que seu pai se dirigisse a você e o corrigisse quando tivesse feito algo errado. Pense como você teria gostado que seu pai se dirigisse à sua mãe. Atenha-se a essas imagens mentais e se esforce para ser um homem "mais gentil e mais suave". Não é tão difícil, se você estiver realmente empenhado.

Pode parecer bizarro, mas um exercício útil e agradável para toda a família é se sentar para assistir àqueles antigos seriados familiares dos anos 1950 e início dos anos 1960, como *Leave It to Beaver*. Quer um modelo simples de pai e marido respeitoso?

Basta entrar no *YouTube* ou na *Netflix* e procurar por Ward Cleaver, o pai sábio, forte e gentil em *Leave It to Beaver*. Quando estavam em busca do padrão de ouro da paternidade para seu livro *Heavy Lifting: Grow Up, Get a Job, Start a Family, and Other Manly Advice*, Jim Geraghty e Cam Edwards recorreram justamente a Ward Cleaver, perguntando no final de cada capítulo: "O que Ward Cleaver faria?". Boa pergunta — e boa orientação, sobretudo na arte do autocontrole.

O pai alcoólatra

Pais explosivos com frequência são alcoólatras, o que significa mais problemas para seus filhos.

Pai A e Pai B

Crianças vivendo com pais alcoólatras sentem ter dois pais — o sóbrio e o bêbado. Caso uma criança tenha "sorte", seu pai bêbado será mais gentil nesse estado; mas no caso de muitos meninos, os pais ficam mais descontrolados e agressivos quando bêbados.

Porém, mais do que isso, alcoólatras são imprevisíveis e nada confiáveis, o que é assustador para as crianças. Quando o pai é alcoólatra, não se pode confiar que ele vá buscá-lo na escola. Você tem de inventar desculpas por ele e com isso ficar constrangido. Não é possível relaxar a respeito dele, e não querendo provocá-lo você se torna vigilante e desconfiado.

Isso é duro para meninos e pode deixá-los com muita raiva acumulada que, por sua vez, pode levar à depressão e a um sentimento de que a vida é apenas sofrimento — ou você anda e fala com cautela ou é verbalmente abusado. Como muitas experiências ruins, sobreviver a isso, se for seu caso, pode ser um incentivo poderoso para fazer melhor, desde que haja um entendimento correto.

Você não quer ser assim e nem que seus filhos o vejam dessa maneira, como também não quer sobrecarregá-los com essas lembranças tristes. Então, pare de buscar refúgio em uma garrafa, não descarregue as frustrações em sua esposa nem em seus filhos e, aliás, nem no cachorro.

Você é um homem bom que quer ser um bom pai, forte o suficiente para encarar qualquer desafio que a vida lhe apresente, pois é feito dessa maneira. Então, porte-se como tal. É isso que seus filhos e sua esposa esperam, e o que você deveria esperar de si mesmo. Então, seja confiante, forte, o homem que você quer ser. Caso seja preciso, tranque o armário de bebidas e perca a chave. Esse é um preço pequeno a pagar por reassumir sua vida e salvar sua família.

Como ser um pai melhor do que seu pai foi
Mesmo que tenha crescido com um pai explosivo, ausente, alcoólatra ou negligente, você ainda pode ser um ótimo pai.

Veja algumas ideias sobre como começar. *Imagine o tipo de pai que quer ser e se empenhe nesse sentido.* Crie uma imagem mental de seu pai modelo. Provavelmente ele estaria em casa todas as noites para conversar com os filhos no jantar e os ajudaria com a lição de casa. Seria paciente e mostraria interesse no cotidiano das crianças.

Comece por aí e vá em frente. Faça o possível para estar em casa todas as noites e, sempre que possível, durante o dia. Esteja em casa nos fins de semana. Em vez de sair do trabalho e ir ao bar para tomar uma bebida com os amigos, vá direto para casa. Converse com seus filhos e pergunte como foi o dia deles. Eles precisam ir a algum lugar ou de ajuda na lição de casa? Sente-se e ajude. Mesmo que você não entenda uma matéria como cálculo, ouça as dificuldades deles em relação a isso. A questão é: esteja disponível para eles da maneira que gostaria que alguém estivesse para você.

Não deixe o passado prejudicar o momento presente. Uma coisa é *aprender* com as experiências ruins que você pode ter tido na infância; outra é responsabilizar seus filhos por elas, embora alguns pais eventualmente façam isso. Às vezes, um pai fica raivoso ou hostil com seus filhos e filhas porque acha que são ingratos por ter todas as vantagens que ele não teve.

Obviamente, seus filhos não são responsáveis por seu passado, mas é fácil cair nessa armadilha. A melhor maneira de evitar isso é reconhecer que se trata de uma armadilha, uma reação subconsciente natural contra a qual você tem que se precaver. Caso se flagre sendo raivoso ou agitado com seus filhos, pergunte a razão a si mesmo. É realmente por causa de algo que eles fizeram? Sua raiva é proporcional à ofensa que eles cometeram? E tente este truque para moderar sua reação: finja que seu filho é o filho do vizinho; isso elimina a emoção e ajuda a formular uma reação mais fria, racional e melhor.

Lembre-se de que você é quem manda em si mesmo. Há vezes em que você se pega se comportando exatamente como seu pai, mas não é culpa sua. Faz parte da vida. Então, perceba que isso acontecerá, faça o possível para mudar de direção se estiver seguindo um mau exemplo e não tenha medo de seguir o conhecido curso familiar, caso este seja bom.

Confie em seus instintos. Você tem tudo o que é necessário para ser um ótimo pai. Dentro de você há força, paciência e amor paternal. Então, confie em seus instintos e faça o que o impulso lhe diz que é a coisa certa, pois geralmente é.

Brinque muito com seus filhos. Às vezes, a melhor maneira para homens serem pais melhores é fazer uma pausa e brincar com os filhos. Estudos mostram rotineiramente que crianças se desenvolvem melhor física, mental e emocionalmente, além de se sentirem mais seguras, quando os pais brincam com elas. Ser pai pode e *deveria* ser divertido para você e seus filhos. Portanto, saia daí e brinque com eles. Todas as crianças, desde bebês até adolescentes, adoram brincar com os pais. Você ficará feliz em saber que, em geral, pais são tão bons nas brincadeiras quanto as mães, menos em jogos de tabuleiro. Caso você tenha uma filha, leve-a ao parque, para nadar ou andar de patins, ao zoológico, ao cinema ou para jantar fora. Não é preciso gastar muito dinheiro. Brinquem no quintal ou com uma *scooter* na calçada. Atire argolas com seu filho, brinque de pega-pega, corra em volta do porão ou ensine um novo passatempo como aeromodelismo. Ele se sentirá radiante porque você quis brincar com ele. Caso você tenha poucas horas livres, vá com ele dar um passeio de bicicleta, ao parque, dar uma caminhada. Qualquer coisa ao ar livre e longe de telas eletrônicas é benéfica. Um dos diversos problemas em relação a computadores e *videogames*, aos quais os pais às vezes recorrem, é que em vez de brincarem olhando um para o outro, ficam lado a lado vidrados em uma tela. Outro aviso necessário é se certificar de que o tempo de brincadeira se limite a isso e não envolva competição para valer. Caso você seja uma pessoa competitiva, evite qualquer esporte que instigue essa característica, pois competição levada a sério pode destruir a diversão, sobretudo para sua filha.

A maioria dos pais se esquece de brincar com as crianças porque acha que "tem de resolver coisas", seja tarefas domésticas ou no quintal, analisar os extratos bancários ou responder a *e-mails* do escritório, inclusive à noite e em fins de semana. Não faça isso. Nada é tão urgente ou mais importante do que passar tempo com sua família. Como médicos, meu marido e eu temos muitas coisas "urgentes" a fazer. Mas, imagine só, a maioria delas não é de fato urgente. Para verdadeiras emergências, há prontos-socorros. Até para um médico, a maioria das coisas pode esperar pelo horário de expediente normal. Então, pare e dê um tempo para si mesmo e brinque. Você não irá se arrepender.

Escolha a felicidade. Crescer com um pai explosivo ou sem ele deixa cicatrizes, mas elas podem sarar. E grande parte do estresse autoimposto por eles por se sentirem despreparados para essa função, é completamente desnecessário. Não importa o que lhe aconteceu no passado durante seu crescimento, isso passou. É claro que isso tem alguns efeitos duradouros, mas como diz o ditado polular: deixe os mortos enterrarem os mortos; deixe o peso morto de seu passado para trás, pois um passado infeliz não determina um futuro infeliz. Mediante sua determinação, você ainda pode ter um recomeço com felicidade e um ótimo relacionamento com sua mulher e filhos. Sei disso porque vi inúmeras vezes. Os homens que se saem melhor são os que escolhem conscientemente a felicidade para si mesmos, suas esposas e filhos. Isso implica livrar sua mente de pensamentos negativos; como também significa viver para os outros, fazer o que é bom, correto e nobre. Abraçar a ideia de que a paternidade não é apenas uma responsabilidade; é também uma aventura, uma diversão e para o quê você foi feito. Então, aproveite isso ao máximo!

5
Três perguntas que você deve responder a seu filho

Eu me sentei diante de Lori, que tomava café preto forte. "Dra. Meg, às vezes penso naquela época e me sinto muito mal por meu pai. Fiz ele e minha mãe passarem maus bocados e me sinto muito culpada."

Pensei comigo mesma, "você não tem nem ideia, menina", mas simplesmente assenti com a cabeça e sorri. Lori agora tinha 26 anos e relembrava sua vida aos 15. Em muitos aspectos, eu mal podia acreditar que ela e aquela garota intolerável de 15 anos eram a mesma pessoa.

"Você acha que eu deveria conversar com meu pai sobre aquela época? Quer dizer, acho que devo um pedido de desculpas ou algo do gênero a ele." Ela assoprou a camada de creme batido e canela em seu café, e parecia calma e consciente como jamais fora em sua adolescência. A verdade era que ela nunca entenderia completamente o quanto fez mal a seu pai. Mesmo que se tornasse mãe, ela nunca entenderia completamente o que ele aguentou, porque pais vivenciam as coisas de um modo diferente das mães. Mães toleram o impacto de algumas adversidades dos filhos; pais aguentam outros, e seu sofrimento às vezes pode ser muito mais oculto, muito mais interiorizado.

"Sim, acho que seria ótimo essa conversa entre vocês. Penso que o perdão é uma parte enorme da cura e sei que ele iria adorar se pedisse perdão pelos problemas que causou."

Ela pareceu um tanto chocada.

"Perdão? Eu estava pensando em apenas deixá-lo saber que fez um excelente trabalho e que eu não tinha a intenção de fazê-lo sofrer tanto. Mas não sei se é o caso de pedir perdão, já que ele também errou. Isso é mais pesado do que eu pretendia."

"Então, conte-me o que você diria", cutuquei.

Pelos 45 minutos seguintes, Lori relatou de novo a história que eu conhecia bem. Não me importei de ouvi-la novamente porque desta vez falou como adulta, com uma consciência mais aguda de si mesma e de seus comportamentos.

"Você se lembra de quando eu tinha 14 anos e entrei na nova escola secundária? Estava acabrunhada me sentindo um ET — alta, magra, feia e solitária e não queria que ninguém me visse. Eu não era uma das adolescentes mais espertas ou ligadas a esportes; era só uma garota que não tinha noção sobre coisa alguma. Aliás, quem tem nessa idade?

"A maioria dos meus amigos do ginásio foi para outra escola secundária e, embora isso não fosse culpa deles, eu sentia mágoa como se tivessem me traído. Então Brian apareceu e me achou interessante. Ele tinha 19 anos. Não sei ao certo, mas acho que ele havia repetido duas vezes na escola. A princípio, ele era realmente bom comigo e isso era ótimo, mas depois ficou mau. Tentei dar o fora, mas tive medo, não por achar que ficaria mais colérico, mas porque eu temia voltar ao ponto inicial — sozinha, desinteressante e burra. Foi então que comecei a beber. Ele tinha alguns amigos que faziam farra nos fins de semana e me convidou para ir junto.

"Seus amigos me achavam certinha demais, então comecei a me vestir como eles. Como você sabe, meus pais nunca disseram uma palavra sobre o jeito de eu me vestir. Isso é estranho, não é? Quer dizer, se minha filha deixasse de usar roupas comuns, mas bonitas, e se vestisse com calças pretas encardidas e camisetas de renda, eu diria alguma coisa!"

Na verdade, sua mãe se manifestou questionando-a sobre suas roupas, suas notas e seu comportamento, e Lori explodiu: bateu portas, berrou "eu odeio você!" e tudo o mais. Não comentei isso com ela, pois crianças podem apagar convenientemente lembranças desagradáveis.

"É, eu entrei em uma espiral de descontrole", continuou ela. "Bebida, maconha, notas ruins e, para culminar, fui expulsa da escola. Foi então que decidi que era hora de partir. Eu não tinha ideia para onde iria, mas só sabia que tinha de ir embora; tinha de ir, me livrar de algo, mesmo que não soubesse do quê. Foi quando decidi que era do meu pai; ele que eu tinha de deixar. Ele nunca se importou realmente comigo, sabe? Trabalhava o tempo todo e lembro da minha mãe se queixando. Era um cara ótimo, mas, sabe, eu nunca o conheci a fundo. Não como eu conheço agora."

"Além de trabalhar duro, seu pai não fez nada para afastá-la, fez?"

"Realmente não tenho certeza", disse ela, após uma pausa longa e constrangida. Então, falou algo que todo pai deveria ouvir: *"Eu apenas o escolhi para ser o alvo da minha raiva."*

Aos 15 anos, Lori não estava brava com seu pai; e ele segurou o tranco porque era o cara seguro e firme que nunca a abandonaria, mesmo que ela o deixasse. Filhas anseiam pelo apoio e lealdade dos pais e, com frequência, os testam para provar isso.

"Foi quando todos nós nos sentamos juntos em seu consultório. Você se lembra, Dra. Meg?"

Claro que sim, eu estava sentada ao lado da porta bloqueando-a, pois essa era minha estratégia usual quando crianças e jovens raivosos estavam na sala.

"Nunca esquecerei você dizendo a meu pai que deveria me levar para passear de canoa. 'Que besteira dizer isso', pensei. "Você percebe que me fez ficar com mais raiva do meu pai?" Claro que eu sabia disso, mas a questão não era essa, e sim que ela precisava da ajuda da pessoa que mais amava secretamente — seu pai.

"Na semana seguinte, o clima em casa estava péssimo. Ali estava meu pobre pai, um cara caseiro que gostava de assistir ao futebol nos fins de semana, imaginando como me levar para descer o Pine de canoa. Eu o vi juntando nosso equipamento e odiei pensar sobre como seria a viagem. Mas no fundo eu sabia que parte de mim realmente queria ficar sozinha com ele, só com meu pai, mas nunca contei isso a ele. Eu mal podia confessar isso a mim mesma."

"Agora ele sabe disso?"

"Não, mas é verdade. Em algum ponto profundo dentro de mim havia esse sentimento de que eu precisava ficar sozinha com meu pai. Isso estava ali."

Eu entendi.

"Bem, finalmente nós partimos. Minha mãe e minha irmãzinha ficaram em casa e meu pai pôs tudo no carro. Bendito seja seu coração. Acho que ele não tinha ideia do que estava fazendo! Nosso equipamento era emprestado e, provavelmente, ele estava mais nervoso do que eu."

"O primeiro dia foi péssimo. Fazia calor, havia insetos por toda parte e eu estava sendo comida viva. Tentei remar mais rápido para escapar deles. Meu pai sempre remava na retaguarda, e eu estava contente porque não podia vê-lo. Eu não queria conversar e muito menos ouvir um sermão. Isso teria sido o pior: se ele me fizesse um milhão de perguntas, me dissesse o quanto Brian era nocivo para mim ou o quanto eu agira mal para ser expulsa da escola.

"E sabe o que foi surpreendente, Dra. Meg? Ele não me fez uma só pergunta naquele dia. Nós apenas remávamos. Lembro de estar sentada na frente, tão raivosa e frustrada que eu queria berrar sem parar, mas me contive. E meu pai nem tinha feito qualquer coisa para me fazer berrar! Acho que estava esperando que dissesse algo que me irritasse, para que eu tivesse uma desculpa para surtar!

"Então, montamos o acampamento para a noite e meu pai fez macarrão com queijo em uma panela. Eu disse a ele que a comida estava horrível, só que na verdade o gosto era muito bom. Essa foi a primeira vez que senti minha raiva diminuir um pouco, e acho que por efeito da comida. Nós comemos em silêncio, e ele olhava para mim com uma expressão triste, fazendo-me sentir mal. Sabia que ele estava magoado, mas até isso me deixava irada.

"No dia seguinte arrumamos tudo e descemos o rio. O segundo dia foi mais esquisito que o primeiro. Comecei a irritá-lo."

"Gritei algo assim para ele, 'o que há de errado com você, estamos indo em direção às árvores' ou 'é inacreditável que você nunca queira estar em casa; você sabe que faz mamãe chorar!'. Só coisas aleatórias, nada fazia sentido. Eu só estava tentando perfurar sua couraça. Acho que queria realmente que gritasse comigo, para que eu tivesse um motivo real para perder a cabeça! Que coisa louca, não é?"

Lori parou um momento e balançou a cabeça parecendo perplexa com seu comportamento ridículo. Eu disse, "você era uma menina de 15 anos que não gostava de si mesma. A vida é dura para as crianças. A vida é dura para as crianças e, em muitos aspectos, você estava fazendo o melhor possível."

Eu estava tentando livrá-la do embaraço para ajudá-la a entender o que havia acontecido, e quanto mais conversávamos, mais pensativa ela ficava.

"Eu fui má, bem má", disse ela. "Eu não acreditei que pudesse ter feito isso, mas papai continuou calado e não mordeu a isca, e se eu pudesse, teria arrancado minha cabeça a dentadas. O dia parecia longo e é engraçado como estar raivoso faz a vida se arrastar. Na segunda noite, fez macarrão com queijo novamente, porque, acho eu, não pensava muito em comida e era apenas um cara desacostumado a ficar ao livre.

"No terceiro dia, algo se afrouxou em mim. Eu chorava sem parar, sem ter ideia do motivo, e isso fez com que ele ficasse realmente incomodado! Coitado. Ele não tinha noção do que o aguardava quando concordou com aquela viagem, e nenhum de nós tinha. Agora vejo que essa é uma das coisas interessantes quando se embarca em uma aventura, mesmo que as circunstâncias não sejam as melhores. Nunca se sabe o que vai acontecer. Nós certamente não sabíamos.

"Pai, apenas continue remando. Eu chorava; ele remava. Quanto mais eu chorava, mais rápido remava. Eu não sabia por que estava tão triste e certamente ele também, mas aí está a coisa estranha e maravilhosa, parecia que ele não precisava saber.

"Caso estivesse lá, minha mãe teria me crivado de perguntas. Faz parte de sua personalidade."

Francamente, da minha também. Se Lori fosse minha filha, eu a teria crivado de perguntas e acho que a maioria das mães faria o mesmo. Mas pais são diferentes e, às vezes, essa força silenciosa é tudo o que uma filha precisa.

"Não consigo me lembrar do que comemos naquela noite", continuou ela, "mas não importa. O que aconteceu no dia seguinte foi um milagre. Nós conversamos sem gritos, apenas com algumas lágrimas, e voltamos a remar em silêncio. Depois

CAPÍTULO 5

conversamos novamente. Acho que foi a primeira vez que meu pai realmente me escutou e eu o escutei. Antes da viagem éramos duas pessoas que se amavam, se respeitavam e moravam na mesma casa. Tínhamos conversas cordiais sobre notas, sobre o que eu gostava de fazer ou como fora meu dia, mas não passava disso. Mas naquele dia, o quarto dia da viagem, conversamos de verdade e foi ótimo.

"Meu pai disse que lamentava muito que eu estivesse tão raivosa. Não perguntou por que eu estava assim, e isso foi bom porque não saberia o que lhe dizer. Então, ele disse que estava *contente de estar comigo no rio naquele dia*. Você consegue imaginar? Disse que realmente estava feliz de estar comigo — essa garota detestável com cabelo embaraçado e botas militares — nesse rio. Quando falou isso, jorrou algo profundo em mim. Não eram os nervos, e sim uma percepção calma e profunda de que esse homem me amava. Fiquei tomada pela emoção e, obviamente, comecei a chorar de novo.

"No final da viagem, nenhum de nós estava preparado para voltar para casa. Nós não confessamos isso, mas sabíamos o que o outro estava sentindo. Houve pesar por não termos mais tempo para remar e conversar, para tentar avistar garças e águias. Eu estava querendo muito ficar no rio porque essa foi a primeira vez que me senti contente e senti o amor de meu pai. Até então, eu sabia que ele me amava porque achava que era sua obrigação como pai. Era apenas algo banal, como meu cachorro estar sempre ali quando eu vinha para casa após a escola. Eu não prestava atenção nos sentimentos dele por mim e não tenho certeza se ele fazia o mesmo, mas quando estávamos no rio, esses sentimentos me acertaram em cheio. Eles eram inevitáveis."

Com os olhos cheios de lágrimas, Lori sorriu e então disse algo extraordinário: "Dra. Meg, você acha que algum dia conseguirei achar um marido que ame tanto meus filhos?"

O fato é que aqueles quatro dias acampando com o pai mudaram sua vida. Mas também foram o ápice de tudo que ele fizera por ela durante toda sua vida, coisas que até então ela nunca havia apreciado inteiramente. Graças à paciência, perdão, amor e empenho dele, ela ganhou estabilidade emocional quando mais precisava.

Muitos bons pais se concentram naturalmente no lado exterior dos filhos — o desempenho acadêmico, a excelência artística ao desenhar ou tocar piano, ou a habilidade em esportes. Todas essas coisas são boas, porém bem mais importante é a vida interior da criança, o que envolve caráter, emoção e espírito. E aqui está um segredo: seus filhos *querem que você participe desse mundo interior*. Eles *sabem* que isso é mais importante do que todas as coisas externas, e querem que você reconheça isso e os ajude nesse sentido.

Eles precisam que você responda a três perguntas cruciais.

Primeira Pergunta:
Pai, como você realmente se sente a meu respeito?

Quando você segura seu filho recém-nascido, ele se sente seguro. Quando você canta para acalmá-lo na hora de dormir, ele fica contente. Durante seus anos iniciais, ele precisa saber que você o ama. Sim, crianças pequenas são mais apegadas às mães do que aos pais, mas esse é apenas um estágio do desenvolvimento. A longo prazo, ninguém pode tirar seu lugar na imaginação de seu filho ou no coração de sua filha.

Quando crianças atingem a pré-puberdade, é comum deslocarem sua atenção da mãe para o pai, com meninos precisando aprender o que é ser homem e meninas precisando saber o que deveriam esperar de um homem. Meninos precisam da afirmação paterna de sua masculinidade; meninas precisam que os pais confirmem que são amadas e valorizadas. O truque para os pais é nunca supor que os filhos sabem que são amados e valorizados. Por isso, é extremamente importante comunicar seu amor para eles.

O pai de Lori havia cuidado do mundo exterior dela trabalhando duro para que a família pudesse levar uma vida de classe média. Mas quando Lori não se sentia bonita, inteligente, atlética ou boa o suficiente e seu mundo exterior ficou hostil, houve uma crise. Ela precisava que o pai reafirmasse que aquelas coisas externas eram bem menos importantes do que o fato de ele se importar com ela. Quando Lori me perguntou: "você acha que algum dia conseguirei achar um marido que ame tanto meus filhos?", eu sabia que seu pai havia assegurado isso — provando que a amava, o que é mais importante do que qualquer outra coisa.

Muitos pais se preocupam em comunicar seus sentimentos às filhas. Não se preocupe. Filhas — e filhos — perdoam sua falta de jeito e até discórdias passadas, e querem seu amor. Como você reagiria se seu pai batesse em sua porta e dissesse, "filho, posso entrar? Tenho algo muito importante para dizer". Mesmo que seu relacionamento andasse mal, quase que certamente você o ouviria e, inconscientemente, ainda quereria sua aprovação e respeito.

Quando uma filha cresce sabendo ser amada pelo pai, progride na vida, pois sabe que é valiosa, importante, digna de amor e de atenção; e o mesmo acontece com meninos. Ensine a seu filho que ele é amado e ele se tornará um homem com autoconfiança, que pode abrir caminho no mundo e amar os outros.

Aqui estão algumas maneiras para começar a responder essa pergunta crucial para seu filho ou filha.

1. Compareça. Não só a eventos importantes, mas todo dia; e esteja inteiramente presente. Quando seu filho fizer uma pergunta, deixe o telefone de lado, sente-se diante dele e faça contato visual. *Isso é comparecer, isso é* estar inteiramente presente.

Quando sua filha chega em casa após um encontro romântico, receba-a na porta e abrace-a. Chame-a para ir à cozinha para um *cookie* ou um copo com água, e dê-lhe a chance de falar, se ela quiser. Ela pode recusar o convite e até acusá-lo de espioná-la, mas na realidade saberá que você se importa e a ama.

Não, você não precisa comparecer a cada jogo de bola, treino ou recital. De fato, é mais importante estar presente no dia a dia para todas as coisas triviais — como a lição de casa, levar as crianças à escola ou trabalhar lado a lado com elas limpando o quintal. Quanto mais você participar da vida cotidiana dos filhos, melhor, pois é aí que a magia acontece. Trata-se em parte de um efeito cumulativo e também porque nunca se sabe quando uma criança dirá de repente, "pai, me fale sobre...".

2. Diga algo. Muitos homens hesitam em dizer "eu amo você"— com frequência, porque seus próprios pais nunca lhes disseram isso. Mas é preciso extrair essas palavras de dentro de você, mesmo que tenha de praticar diante do espelho antes de dizê-las para seu filho de 17 anos. Faça isso. O impacto será enorme.

O *timing* também é importante. Você não quer que seu amor esteja condicionado a êxitos, como obter uma boa nota na escola ou vencer um jogo. É mais importante dizer isso quando sua filha surge angustiada, vai mal em uma prova ou está chorando porque terminou o relacionamento com o namorado. Filhos precisam de sua força quando estão fragilizados.

3. Nunca recue assustado. Todas as crianças tentam desafiar os pais. Uma menina de 2 anos baterá o pé e dirá que você é um papai mau. Um menino de 6 anos fechará o livro de matemática abruptamente quando você tentar ajudá-lo. Um

CAPÍTULO 5

garoto de 13 anos pode fazer uma expressão detestável e tentar se desviar de seu abraço. *Nunca, jamais, leve essas reações para o lado pessoal.* Esses comportamentos não têm a ver com você, e sim com as próprias crianças. Quando se sentem inseguras, transtornadas ou envergonhadas, elas podem ficar irritáveis. Uma das maneiras mais eficazes de provar seu amor é ficar firme e empenhado. Continue remando a canoa. Quanto mais calmo você ficar, mais rapidamente a criança se acalmará.

Segunda Pergunta:
Pai, o que você pensa a meu respeito?

A menos que diga a seus filhos o que pensa a respeito deles — quais são seus talentos, como é seu caráter, o que espera deles —, você pode se surpreender com o que *eles* pensam.

Eu estava fazendo um *check-up* em Quinn para o jardim de infância. Ele disse que seu pai estava no exterior lutando em uma guerra, que tinha muitas saudades dele e mal podia esperar sua volta para casa. Estava orgulhoso do pai e tentou descrever seu uniforme para mim.

"Meu pai realmente sente minha falta", disse ele. "Tem orgulho de mim e diz que preciso ser o homem da casa enquanto está fora. Minha mãe diz que não, mas eu acredito no meu pai. Ele é durão, sabe, e quando voltar para casa vai me levar para caçar. Mas diz que preciso ter 12 anos para atirar com uma arma e, por enquanto, sou muito novo." Quinn falava rapidamente e sua voz parecia tensa.

"Meu pai me disse que sou o menino mais esperto que já viu. Ele tem razão, sabe. Sou esperto. Leio diariamente porque sei que, quando voltar, meu pai vai querer que eu leia com ele."

Pedi a Quinn que pegasse um livro na sala de espera para me mostrar que lia bem. Quando ele saiu, perguntei à sua mãe sobre o pai do menino. "Ele está na cadeia", começou ela e logo explodiu em lágrimas. "Ele nunca telefona nem escreve para nós. Foi preso por dirigir bêbado e ficou tão humilhado que não conseguiu contar seu paradeiro a Quinn. Então, dissemos a ele que o pai fora trabalhar num lugar muito distante. Quinn interpretou que o pai estava no exterior lutando em uma guerra e não tive coragem de lhe contar a verdade."

Crianças têm fantasias vívidas e, aos 6 anos, que era a idade de Quinn, é comum criarem um amigo imaginário. No caso dele, estava criando um pai imaginário para suprir a ausência do pai real. Por ora isso não tinha problema, mas mais cedo ou mais tarde seria preciso contar a verdade a ele. Nem sua mãe nem eu sabíamos qual seria o momento certo.

Quinn imaginava o que seu pai achava dele e talvez tivesse razão — talvez o achasse o menino mais inteligente do planeta; talvez um dia tenha dito isso a Quinn. O importante é que ele se mantinha graças à sua crença de que o pai se orgulhava dele por ser forte e esperto.

Faltavam poucos meses para o pai sair da cadeia. Eu tinha esperança de que ele reafirmasse a fé do filho em suas opiniões acerca do menino. Isso facilitaria muito a transição.

Pesquisas acadêmicas mostram que crianças que têm boa comunicação com os pais são bem menos propensas a problemas com drogas, álcool ou depressão. Aparentemente, pais têm o poder singular de fomentar o senso de autovalorização, solidez e pertencimento dos filhos, o que funciona como um escudo não só contra drogas, álcool e depressão, mas também para que tenham uma boa orientação sobre atividade sexual na adolescência (que é com frequência relacionada).

Mesmo que seu filho ou filha tenha 3 ou 43 anos, a necessidade de afirmação paterna continua. Eles serão seus filhos para sempre e sempre precisarão saber sua opinião em relação a eles.

Veja como você pode suprir essa necessidade.
1) Comunique a verdade simples. Crianças detectam platitudes e fanfarronices. Não é bom tirar nota baixa na escola e seu pai se gabar de que você é um dos melhores alunos da classe, se você ainda não consegue tirar notas melhores apesar de se esforçar. Portanto, elogios têm de ser honestos. Caso seu filho esteja tirando 5 e isso é o melhor que pode fazer, diga que não há problema, que admira sua tenacidade por se esforçar tanto e ajude-o a descobrir as áreas ou habilidades práticas nas quais ele pode se destacar, enquanto tenta melhorar em cálculo ou em inglês.

Pais devem ser positivos e *nunca* criticar os filhos diante de outras pessoas, mas também ser verdadeiros. Seus filhos apreciarão isso e entenderão que a nota baixa em matemática não significa o fim de sua afeição por eles nem que eles são medíocres em tudo, e que com esforço e tempo podem melhorar em matemática!

2) Elogie o caráter, não o que eles fazem. Crianças querem saber o que você acha que elas são. Então, diga-lhes, "acho que você é corajoso, forte, paciente, empenhado, esforçado, nobre" ou seja lá o que se aplique melhor.

3) Deixe que eles o vejam falando sobre eles. Quando fui rejeitada por todas as faculdades de Medicina em que me inscrevi aos 21 anos, achei que minha vida estava acabada. Achei que era burra demais e por isso fora rejeitada. Certo dia, ouvi por acaso meu pai conversando com um amigo ao telefone e dizendo que eu iria em breve para a faculdade de Medicina. Fiquei pasma. Naquele momento, minha vida mudou. Fiquei satisfeita de saber que ele acreditava que eu podia ter êxito na faculdade de Medicina. Era isso, eu ia e ponto final. Aquela conversa entreouvida nada significava para meu pai, mas significou tudo para mim.

Quando você realmente acredita em seus filhos, eles sentirão isso em sua voz. Ouvindo você falar sobre sua crença na bondade, perseverança ou coragem deles, acreditarão nisso — e isso pode mudar suas vidas.

4) Tire vantagem do fracasso deles. A melhor ocasião para comunicar a crença sincera em seus filhos é quando eles sentem que falharam, estão com a autoestima baixa e se acham imprestáveis, patetas e incompetentes. Esse é o momento perfeito para chegar sorrindo e dizer: "não importa o que aconteceu em campo, não importa se você foi mal na prova, pois eu sei como você é e acredito em você. Portanto, recomponha-se e siga em frente." Essas são as palavras que mudam a vida de seus filhos.

Terceira Pergunta:
Pai, quais são suas esperanças em relação a mim?

Uma das coisas que mais gosto de fazer é entrar em um auditório repleto de alunos secundaristas e conversar com eles sobre sexo. Creia ou não, isso é divertido basicamente porque eles realmente querem ouvir o que tenho a dizer. Ninguém conversa com eles sobre um assunto que está constantemente em suas mentes. Portanto, quando falo, a plateia presta muita atenção.

Veja uma coisa que aprendi ao longo do tempo sobre crianças: Abaixo dos 13 anos, elas não fazem projeções além de uma semana, e adolescentes, além de um ou dois anos. Adolescentes acreditam que a melhor época de suas vidas será no futuro *imediato* e que quando forem adultos a vida será entediante. Eu tento ampliar suas perspectivas. Eu digo a eles que terão de ser muito cautelosos com o que fazem sexualmente aos 17 anos, pois seus corpos são criados para no mínimo cinquenta anos de atividade sexual. Isso prende a atenção deles!

Seu filho ou filha vive o presente, talvez com poucas preocupações sobre o amanhã. Em parte, isso é apropriado em termos de desenvolvimento e pode ser difícil de mudar. Caso lute com ansiedade, autoestima baixa ou depressão, seu filho pode ser mais propenso a acreditar que a vida é curta, pois não consegue imaginá-la ficando melhor. E, de fato, para algumas crianças a vida pode ser mais curta.

Muitos anos atrás fui dar uma palestra para alunos do ginásio em um bairro carente perto de Los Angeles. Muitos dos meninos eram de gangues, e poucas semanas antes de eu ir lá, dois deles haviam morrido em um tiroteio no bairro.

O professor me apresentou e mencionou alguns programas que eu havia feito e livros que havia escrito, e as crianças não ficaram nem um pouco impressionadas. É isso que adoro nelas. Não ligam por onde você andou nem para o que realizou, e só querem saber uma coisa: você gosta delas ou não? Comecei a falar sobre sexo, as partes boas e os riscos envolvidos, e falei sobre os sentimentos delas. Eu batalhava para que elas se abrissem e se sentisem confortáveis e confiantes para debaterem esse assunto tão delicado. Certa época, quando dirigia os CDC, Centros para Controle e Prevenção de Doenças (2002-2008), a Dra. Julie Gerberding escreveu sobre a redução nos índices de câncer cervical. Afirmou que a melhor maneira de reduzir o risco de contrair a doença era se proteger ao máximo nas relações sexuais. A razão para postergar o início da vida sexual é que meninas que começam a fazer sexo após os 16 anos têm menos parceiros sexuais ao longo da vida. As meninas e os meninos sentados diante de mim precisavam saber disso.

Nós começamos a conversar e as crianças se abriram. Embora só tivessem 12 ou 13 anos, muitas eram sexualmente experientes. Meninos se gabavam sobre as meninas que haviam "traçado" e as meninas "traçadas" ficavam bravas porque sentiam que eles não ligavam realmente para elas e só se importavam em "aumentar a contagem". Muitas delas disseram que nunca mais fariam sexo porque se sentiam usadas, e eu falei o quanto isso podia ser perigoso.

A maioria de seus pais não havia casado, portanto, para elas, era totalmente natural experimentar o sexo em idade precoce. Muitos deles também supunham de maneira fatalista que, como não iriam viver além dos 25 anos, tinham de viver com máxima intensidade enquanto pudessem. Isso me entristeceu. A partir desse momento, minha missão passou a ser a de ensinar-lhes sobre seu futuro. Em vez de falar sobre adiar o sexo e reduzir parceiros sexuais, a conversa se tornou mais difícil versando sobre como eles podiam ter um futuro melhor.

Sua filha pode não frequentar uma escola com alunos de alto risco, mas tem uma coisa em comum com eles: ela não está pensando muito sobre a vida após os 21 anos. Casamento, filhos e carreiras podem parecer perspectivas muito distantes na adolescência, são mais considerados como sonhos do que como uma realidade próxima. É também comum adolescentes pensarem somente em gratificação imediata, sem considerar as consequências. Cabe a você mudar essa perspectiva, ajudá-los a entender que retardar a gratificação agora ajuda a ter um futuro bem melhor e duradouro, com recompensas ainda maiores (um casamento feliz é bem mais gratificante do que uma noite de sexo casual que implica riscos físicos e mentais).

Vamos agora abordar um assunto delicado: o divórcio. Caso você seja divorciado, precisa entender que a ideia de casamento pode não ser atrativa para seu filho ou filha. É comum filhos de pais divorciados terem um sentimento de abandono e raiva de ambos os pais e de si mesmos. Também com frequência, têm medo do casamento e não o imaginam em seu futuro. De fato, o divórcio pode levar a índices mais baixos de casamento e a relacionamentos mais frágeis.

Caso seja um pai divorciado, vou lhe dizer algo para que possa ajudar seus filhos. Você *não* precisa discutir seus fracassos ou erros conjugais para que seus filhos possam evitá-los, pois essa discussão pode ter o efeito oposto. O mero fato de que você fez algo valida esse episódio na mente de seu filho. Se você teve um caso, eles podem pensar que isso não parece tão grave ou que é algo comum. Caso tenha tido um problema com álcool, eles podem achar que beber é uma maneira aceitável de lidar com um problema. E por aí em diante.

Após uma conferência, um homem me perguntou como deveria falar com seu filho de 7 anos sobre seu passado. Ele saíra recentemente da cadeia e fora acusado de posse e tráfico de drogas. Enquanto estava preso, sua esposa se divorciou dele e ganhou a custódia do filho. Ela também fixou na geladeira uma foto 8 x 11 dele usando o macacão alaranjado da prisão, para lembrar ao filho de "nunca fazer o que seu pai fez". O pai odiava a ideia dessa foto quase tanto quanto a possibilidade de o filho seguir seus passos. O que ele devia fazer?

"Assim que você sair dessa conferência", disse eu, "vá à casa de sua ex-mulher e pegue a tal foto. Queime-a, pois ela só causa vergonha para você e seu filho. A vergonha nunca motiva crianças nem adultos a mudarem de comportamento. Quando olha essa foto, seu filho de 7 anos vê seu herói de macacão alaranjado. Ele não vê um criminoso ou um homem que cometeu erros. Vê o pai — e se o pai estava na cadeia, isso é bom o suficiente para ele, como também pode acabar indo para lá só para provar que o pai não era tão mau. É assim que uma criança pensa. A melhor forma de colocá-lo no caminho certo é estar presente e se manter à altura da imagem de herói que ele tem de você".

Como fiquei com raiva do que sua ex-mulher fez, provavelmente falei mais do que eu deveria. "Você está quite com a prisão. Acabou e deixe isso para trás. Você precisa acreditar nisso e comunicar a seu filho. A melhor coisa a fazer é se comprometer a ter uma vida digna diante dos olhos dele. Evitar que dê maus passos e mostrar o que é certo para ele. Ele quer ser como você, então seja o homem que você quer que *ele* seja."

Esse conselho vale para *todos* os pais.

Em meu trabalho com a NFL, converso com homens sobre por que alguns abusaram de suas namoradas. Perguntei a um deles como seus colegas tinham autocontrole para participar de um esporte de elite, mas não controlavam seu temperamento em casa. A resposta dele foi estarrecedora.

"Para muitos meninos que crescem na pobreza e sem pai, a violência é parte da vida. Nós vemos brigas físicas e ouvimos gritos com frequência, as crianças são as vítimas. Nós não vemos pais e mães, nem namorados e namoradas; vemos apenas mães solteiras abandonadas. Não há desculpa para o que os homens fazem, mas é verdade que crescendo dessa maneira não se aprende a tratar bem uma namorada ou uma esposa; e muitos de nós crescemos com muita raiva, pois nos ressentimos de não ter um pai por perto para proteger tanto nós quanto nossa mãe."

"E pense comigo. Nós ganhamos milhões de dólares para sermos o mais agressivo possível em campo, para viver justamente à beira da explosão, mas sem ultrapassar a linha. Daí vamos para casa e idealmente deveríamos saber como desativar essa tendência para a agressão; muitos caras, sobretudo com históricos como o meu, não sabem como fazer isso." Perguntei a ele se a promiscuidade sexual de alguns jogadores era parte da mesma coisa.

"É, sabe, eles têm dinheiro, fama, poder, e há muitas mulheres que querem se aproveitar disso."

"E fazem isso pela gratificação, pelo poder ou apenas porque podem?"

"Claro, há esses fatores, mas também acham que é isso que seus pais faziam. Caso o pai não estivesse morto ou na prisão, eles supunham que estava transando com todas as mulheres que podia, pois nunca o viam. É esse o modelo que tiveram."

Muitos desses jogadores da NFL que se divertem com histórias de seus maiores jogos ou vitórias também me disseram que nos jogos olham quase que involuntariamente para as arquibancadas na esperança de ver o pai, *mesmo que não o vejam há anos*. É esse tipo de impacto que os pais têm. Mesmo quando não está junto de seus filhos, eles ficam pensando em você e imaginando como se comporta, procurando-o, tentando imitá-lo e ansiando por sua aprovação.

Com frequência, filhos escolhem caminhos profissionais a fim de impressionar os pais e as filhas se casam com homens que de alguma forma se parecem com eles (portanto, comporte-se bem). Pelo resto das vidas deles, você será uma parte incontornável. Essa responsabilidade é pesada — e só cabe a você. É o que significa ser pai. Então, agarre já a oportunidade de tornar sua presença positiva. Examinemos especificamente como injetar esperança no futuro em seu filho ou filha.

1) Fale de maneiras específicas sobre o futuro deles.
Fale sobre o que eles podem estar fazendo, onde podem estar morando, se podem estar casados ou ter filhos aos 25, 35 ou até aos 45 anos. Para a maioria das crianças, esse é um exercício complexo, porém positivo. É também uma maneira de fazê-las pensar sobre sua vocação na vida, estabelecer prioridades para o futuro e entender que seu futuro é ainda mais

importante do que o presente — e que você se importa com as escolhas que fazem.

2) **Sonhe com eles.** Naturalmente, a maioria de nós quer que nossos filhos e netos realizem nossos sonhos, mas precisamos deixar que tenham seus próprios sonhos, *e sonhar com eles*. Para isso, faça perguntas amplas. "Você gosta de ler livros de história, certo? Sobre quem você mais gosta de ler?" ou "Notei que fica empolgado ao falar de beisebol. Esse é seu esporte favorito?" Nem todas as conversas devem estar relacionadas à carreira ou sobre o que eles já fazem na escola ou no campo de jogo. Você pode perguntar que coisas os deixam felizes ou contentes. Ou apontar elementos no caráter deles, como tenacidade, humildade e amabilidade, que serão úteis no futuro. Use as conversas para situar os sonhos de seus filhos — seus futuros projetados — na vida. Adolescentes e jovens adultos que pensam sobre o futuro têm um senso melhor de perspectiva e são menos propensos a ameaçar o porvir com maus comportamentos. Um senso de perspectiva é uma das melhores dádivas que você pode legar a um adolescente.

Ser pai não tem a ver com deixar uma herança milionária, conexões para um emprego ótimo, ajuda financeira para comprar a primeira casa nem pagar a melhor faculdade.

Pense no que você queria de seu pai. Provavelmente o que você mais queria era saber a opinião dele a seu respeito. Ele acreditava em sua capacidade de ser um bom homem e de ter uma vida digna? Ou ele duvidava de você e o fazia achar que nunca seria bom o suficiente? (E neste caso, quanto você pagaria agora para ouvi-lo dizer que na verdade não fora essa sua intenção?). Seu pai o amava da maneira que você precisava? Responda a essa pergunta agora mesmo, e se ele não o fez, então você precisa fazer melhor com seus filhos.

CAPÍTULO 5

Seus filhos o admiram e você pode mudar a vida deles das maneiras mais profundas. Eles confiam em você, precisam que você os apoie e anseiam por sua aprovação. Ser um ótimo pai é realmente muito simples. Não se preocupe com seus erros, pois são bem menos importantes do que seus êxitos. E, para ter êxito, você só precisa responder a três perguntas. É isso. Elas são o ponto de partida e, em muitos aspectos, o ponto de chegada para ser de fato um bom pai. Portanto, vá em frente.

6
Concentre-se na jogada, não no jogo

Como engravidei cinco vezes, posso afirmar que mulheres grávidas não se sentem maravilhosas em revelar as ideias masculinas sobre as "alegrias" da gravidez e de ser pai. Com frequência, eu ficava irritável, deprimida, chorosa, enjoada e raivosa, e até desmaiei algumas vezes. Ocasionalmente, culpava meu marido pela minha condição, e como estava exausta e com dificuldade até para calçar as meias, dá para imaginar o quão pouco atrativa era a ideia de fazer sexo. Tudo isso é para dizer, cavalheiro, que se ser pai o assusta, você está em boa companhia. Ser mãe também é assustador para sua esposa.

Mas vocês dois precisam manter o prumo, pois todo esse sofrimento compensa e de fato traz a maior alegria que se pode ter na vida, uma família. Cada etapa nesse processo tem suas recompensas. O bebê lindo e as etapas da infância podem ser óbvios. Mas há também a lisonja de ver seu filho com vinte e poucos anos se casando com alguém que parece a sua esposa, pois ele viu como vocês eram um bom exemplo, ou talvez esteja servindo na Marinha como você fez, ou talvez sua filha esteja seguindo seus passos para se tornar médica (aliás, como eu fiz).

Então, aqui estão alguns conselhos. Não importa o quão esteja apavorado com a ideia de se tornar pai ou quão difícil ache ser pai, nunca perca a coragem. Sua esposa pode estar fazendo você passar por maus bocados ou seus filhos podem estar rebeldes; isso não importa. Você é o centro de suas vidas, e mesmo que se queixem, eles dependem de você. Eles precisam se apoiar em alguém forte, que tenha determinação e perseverança nas horas difíceis, como também de alguém que resolva problemas práticos. Sua esposa precisa de você como marido e seus filhos precisam de você como pai. De fato, eles precisam de ambos: da mãe e do pai tanto para a compreensão, quanto para consertar coisas, não só coisas mecânicas, *mas tudo*. Você pode achar frustrantes essas abordagens complementares para problemas, mas eles precisam dos dois. Geralmente, mães querem descobrir como um problema começou e entender todas as nuances de uma questão. Pais querem ir direto para a solução. Ou, em termos futebolísticos, mulheres querem falar sobre o jogo e pais querem comandar o jogo.

Essa metáfora não é minha. Eu a ouvi de meu amigo Benjamin Watson, que joga na posição ofensiva como ponta de linha no Baltimore Ravens. Verdade seja dita, não tenho nem ideia do que um *tight end* faz, mas sei algumas coisas muito importantes sobre Benjamin. Ele é um ótimo pai e marido. Certa vez, me disse: "Sabe, Meg, ser um bom pai é bem parecido com ser um bom jogador de futebol. Os treinadores nos dizem que quando focamos nas jogadas, não no jogo, temos mais chance de vencê-lo. Essa abordagem de fato funciona para pais. Concentrar-se no que está diante de você e na tarefa em questão, que o quadro geral se encaminhará sozinho. Concentre-se na jogada."

Ponto para ele. Quando se trata de ser um ótimo pai, há seis jogadas-chave que você pode praticar, que o ajudarão a vencer o jogo de criar filhos felizes e bem-sucedidos, e a manter-se como um herói aos olhos deles.

Primeira Jogada
Brinque com seus filhos

Como o pai de Timothy era médico em uma cidade pequena e trabalhava muitas horas por dia, ambos se viam menos do que o garoto gostaria. Mas, quando falei com Timothy, então na escola secundária, sobre seu pai, ele não pareceu amargurado ou ressentido. De fato, adorava o pai e disse que também queria ser médico quando crescesse.

Timothy me disse: "Eu sei que as pessoas acham que meu pai deveria ficar mais em casa e ouvi minha mãe se queixar muito. Mas aí é que está, quando estamos juntos, nos divertimos muito."

"Estando eu na escola primária, levantava à noite e descia sorrateiramente a escada porque sentia o cheiro da fumaça do charuto dele vindo do pátio. Sentava-me com ele e conversávamos. Ensinava-me tudo sobre as constelações. Adorava aquelas noites porque meu pai e eu ficávamos sozinhos.

Minha mãe ficava brava com meu pai por me deixar ficar acordado com ele. Parei por um tempo, mas daí ele deu uma piscada para mim, e sentar-se ao ar livre à noite virou nosso segredo. Fizemos isso durante anos.

Apostávamos para ver quem achava mais rápido a maioria das constelações. Depois tínhamos de dizer seus nomes e quantas estrelas elas tinham. O mais legal é que às vezes ele me deixava ganhar, outras vezes, não. Adorava que nem sempre me deixava ganhar porque isso fazia com que me sentisse respeitado por ele."

Vários anos após nossa conversa, Timothy entrou mesmo na faculdade de Medicina e só pude acreditar que aquelas noites no pátio tiveram enorme influência em sua decisão.

Estudos mostram que, ao crescer, meninos são muito mais propensos a ser como seus pais, se tiverem um relacionamento estreito e cálido com eles. Vale a pena considerar isso, concorda? Para a maioria das crianças esse calor humano e proximidade resultam de brincar com o pai. O fato de eles serem brincalhões às vezes irrita as mães. Mas brincar com o pai pode dar às crianças a autoconfiança para se desafiarem e correr riscos saudáveis, o que é importante para o desenvolvimento do caráter.

Um fato curioso é que estudos mostram que quando mães ensinam os filhos a nadar geralmente ficam diante deles para que possam fazer contato visual e estimular os pequenos em direção à segurança de seus braços. Quando assumem essa tarefa, os pais ficam atrás dos filhos, para que estes se deparem não com um par de olhos solidários e encorajadores, mas com o desafio da água. Uma maneira de ensinar não é necessariamente melhor do que a outra, mas certamente são interessantes as diferentes mensagens enviadas. Mães comunicam às crianças, "você precisa de mim para ajudá-lo e aqui estou"; pais comunicam, "enfrente a água e nade; eu sei você consegue."

Mas talvez ainda mais importante, pais são bem mais propensos a *brincar* com os filhos na água do que as mães. Que importância tem isso? Mais do que você possa imaginar, segundo Paul Raeburn, autor de *Do Fathers Matter? What Science Is Telling Us About the Parent We've Overlooked*. Aqui estão algumas estatísticas que ele explica em seu livro sobre os benefícios de pais brincarem com os filhos.

• O desenvolvimento da linguagem da criança aumenta quando seu pai conversa com ela durante a brincadeira.

CAPÍTULO 6

- Caso um pai leia livros ilustrados para o filho (a partir de 6 meses de idade), sua expressividade aos 15 meses será muito melhor e suas habilidades de linguagem aos 3 anos serão muito mais avançadas.

- Quando um pai brinca afetuosamente com a criança, ela se dará melhor com os pares posteriormente na vida.

- No momento em que os pais partilham jogos ativos com os filhos, estão estimulando-os a serem destemidos e a correrem mais riscos.

- A necessidade infantil de brincar, ser estimulado, impelido e encorajado é tão importante quanto a necessidade de estabilidade e segurança.

- Adolescentes têm muito menos problemas comportamentais, delinquência ou atitudes criminosas se, quando crianças, seus pais participavam das brincadeiras, liam para elas e as levavam para passear.

Isso tudo provém de pesquisa, mas também posso lhe dizer por observação própria que crianças pequenas se estendem instintivamente para seus pais quando estão felizes, pois sabem que o pai as lançará no ar, fará cócegas em suas barrigas ou lutará com elas no chão. Crianças adoram contato físico, afeição e a veleidade de brincar com seus pais.

Se você quer criar filhos seguros e confiantes, *brinque com eles*. Nada dissipa melhor a tensão das crianças e dos pais do que dar um giro de bicicleta, brincar de pega-pega e corrida, e sair para nadar.

Quando uma criança tem acessos de raiva, se recusa a empenhar-se mais na escola ou um adolescente começa a afastar-se de você, aumente as horas de recreação. Isso é uma espécie de solução para tudo quando as crianças começam a fazer travessuras. Brincar irá aproximá-lo mais de seu filho, seja qual for a idade dele.

Segunda Jogada
Ore com seus filhos

Uma das regras fundamentais na criação de ótimos filhos é entender e aceitar uma verdade: orar é bom para as crianças. Seja você espiritualizado ou não, crianças são mais ligadas na oração do que a maioria dos adultos, e extraem segurança da ideia de um mundo divinamente ordenado. Você pode zombar, os pais das crianças em questão o fazem com frequência, mas muitas delas me contam que veem anjos e o que eles lhes disseram. Queiramos acreditar nisso ou não, é inegável que crianças tendem a ter a mente muito voltada às questões espirituais e, como pai, você precisa estar preparado para responder perguntas a esse respeito.

No livro *Born to Believe*, os doutores Andrew B. Newberg e Mark Robert Waldman descrevem como todas as crianças nascem com uma fé intuitiva, ou, se você preferir, conhecimento do invisível. Crianças vêm preparadas para a fé, razão pela qual orar com os filhos é tão importante. Orar com seu filho satisfaz a necessidade dele de se conectar com a Criação, o Universo. Crianças gostam de orações e quando você ora com elas, isso lhes dá segurança e as faz relembrar que mesmo quando você não está junto, algo ou alguém está zelando por elas. A oração o aproxima mais de seus filhos. Orar é um ato íntimo, algo que vocês fazem juntos e isso é que é profundamente importante. Também sublinha para seus filhos que mesmo seu pai-herói grande e forte se ajoelha para agradecer e pedir orientação para não se desviar do caminho, seguindo a vida dentro da lei e da moralidade.

Se você, como eu, já orou com seu pai, entende o que quero dizer. Quando uma criança tem um pai forte, poderoso e esperto ao lado de sua cama, que lhe diz para fechar os olhos e orar, isso a deixa muito mais próxima dele do que qualquer atividade ou conversa.

CAPÍTULO 6

Muitos pais não se sentem à vontade orando com os filhos, pois não sabem o que dizer e temem parecer tolos, mas seus filhos pensam completamente diferente — eles veem um herói que partilha sua fé instintiva. Eles estão menos concentrados nas palavras que você diz e mais atentos ao fato de que você está ajoelhado reconhecendo o poder da oração, que eles sentem intuitivamente.

Gillian se lembra das orações com seu pai na hora de dormir como se isso houvesse acontecido há dois anos. Na realidade, já se passaram mais de quarenta anos, mas ela ainda se emociona quando fala dessas ocasiões.

"Como adulta, posso dizer honestamente que a imagem do meu pai ao lado da minha cama ou segurando minhas mãos quando se sentava em sua cadeira de leitura e orava por mim me mudou. Eu não me lembro do que ele dizia, mas isso realmente não importava. Eu o ouvia pedir com fervor para me protegerem e me sentia tão amada. Quando ele pedia isso, eu sabia que realmente via pelo que eu estava passando. Às vezes, chorava enquanto orava e isso derretia meu coração. Seu exemplo da força da oração então me tocava e depois me guiou na vida, quando tive minha própria família."

Orações mudam as pessoas e isso me fez mudar com algumas das experiências mais preciosas e profundas que tive. Meu pai morreu de Alzheimer muitos anos atrás. Durante seus últimos meses de vida, tinha dificuldade para falar, e eu não tinha sequer a certeza se me reconhecia. Mas uma coisa que ele nunca esqueceu foi como orar, e quando orávamos, curvava a cabeça e fechava os olhos. Essa reação, quando quase todas as outras lembranças haviam desaparecido, provou para mim que a oração estava presente em meu pai.

Um pouco antes de sua morte, eu agarrei as mãos dele e comecei a orar. "Senti suas mãos tremerem um pouco, olhei para ele e vi lágrimas descendo pelo seu rosto. Naquele momento, senti que nos uníamos ainda mais através da oração e não queria que aquele momento acabasse. Além de saber que estávamos orando, meu pai sentia o poder daquele momento, daquela oração que invadia seu íntimo. Quando todas as outras lembranças o abandonaram, o conhecimento da prece permaneceu dentro dele e isso nos uniu de uma maneira que não consigo explicar direito, exceto que ainda sinto tal união.

Como pai devoto, você pode proporcionar a seu filho ou filha experiências que transcendem seu próprio conhecimento. Sente-se ao lado de seu filho, feche os olhos e se abra para vivenciar essa experiência que, de alguma forma, a criança provavelmente já conhece e no qual acredita. Os filhos querem que você participe disso. Nada unirá mais sua família de uma maneira verdadeiramente significativa do que orar juntos diariamente.

Terceira Jogada
Seja estável

As crianças precisam que você esteja calmo quando estão agitadas, forte quando estão fragilizadas, confiante quando estão amedrontadas e, em muitos aspectos, ser pai gira em torno disso. Quando as crianças estão fazendo travessuras, um pai controlado e calmo geralmente é capaz de lidar com a situação. Portanto, seja estável. Tente ser sempre a voz da razão, da coragem e da fé, conforme as crianças esperam de seus heróis, e conforme elas e sua esposa esperam de *você*.

Quando crianças aprontam, os pais querem entender o motivo; e, embora a compreensão e solidariedade emocionais sejam coisas maravilhosas, eles devem tratar cada questão de maneira direta atravessando a névoa emocional com racionalidade calma, de forma estável, trazendo tranquilidade nos momentos de estresse.

Todos nós sabemos que, com frequência, homens perdem a paciência, mas felizmente essas mudanças de temperamento ocorrem apenas de vez em quando na maioria dos casos. Porém, como tenho observado trabalhando com pais e filhos, o mais comum é homens ficarem extraordinariamente calmos e focados durante uma crise.

Fazendo uma analogia com o futebol americano, é como um *quarterback* comandando o time no campo a menos de 2 minutos do final do jogo. Homens sob pressão têm a capacidade de desempenhar seus papéis friamente; *quarterbacks*, e a maioria dos líderes bem-sucedidos nesse sentido, têm a capacidade de comandar mantendo uma conduta calma e estável. É a isso que as pessoas reagem positivamente, e é esse o modelo para um pai: ser estável, digno de confiança e focado.

Quarta Jogada
Seja honesto

A honestidade é imensamente importante para as crianças e, se quer a confiança de seus filhos, você precisa ser honesto com eles.

Eu sei que, às vezes, pode ser difícil ser honesto, e muitos de nós supõem que dizer uma mentira bem-intencionada pode ser um ato de benevolência, mas crianças nunca gostam de ser enganadas, mesmo que as mentiras pareçam triviais aos pais. Elas acreditam instintivamente, conforme Albert Einstein fazia, que "alguém que não leva a verdade a sério em questões pequenas não merece confiança em questões maiores". Nada ameaça mais a confiança de seus filhos em você do que a desonestidade. Por outro lado, quando diz a verdade, você ensina que não se deve temer a realidade. Quando o veem agindo com retidão, captam sua bravura e aprendem que também podem enfrentar qualquer situação. Mas quando ouvem mentiras, intuem que você não acredita que eles consigam lidar com a verdade e, por isso, se tornam mais temerosos e inseguros. Confiança, integridade e verdade fazem parte de ser um herói e de ser pai. Seja o homem íntegro no qual eles podem confiar, seja o homem que diz a verdade.

Suni era minha paciente desde que tinha 5 anos, e durante todo esse tempo esteve bem claro para mim que ela adorava seu pai. Mas agora, que estava prestes a ir para a faculdade, havia algo errado. Tentei falar sobre os perigos usuais nas universidades, como sexo, bebedeiras e drogas, mas ela continuou falando compulsivamente sobre o pai e sobre todas as ocasiões maravilhosas que haviam partilhado juntos.

"Suni, o que aconteceu?"

"Em todos esses anos que brincamos juntos no *playground*, estava nos enganando, quero dizer, acho que esse tempo todo, e ainda não consigo acreditar totalmente. O fato é que meu pai tinha uma namorada e traiu a todos nós — minha mãe, meu irmão e eu."

"Quando você descobriu isso?"

"Há dois meses, uma amiga da minha mãe o viu jogando golfe com outra mulher e os seguiu por algum tempo, percebendo que eles não eram apenas amigos. Ela contou para minha mãe e meu pai foi questionado por ela se era verdade.

"Meus pais sempre tiveram problemas, mas nunca pensei que meu pai faria uma coisa dessas, e estou muito confusa. Minha

vida foi uma mentira? Meu pai de fato me amava? Quer dizer, ele estava fingindo em todas aquelas noites que passávamos brincando, indo ao cinema? Mamãe e papai estão tentando se acertar, mas não sei mais distinguir o que é verdade e o que não é."
   Suni soube depois que seu pai já mantinha esse caso há vários meses. Felizmente, largou a namorada e se empenhou muito para reconquistar a família, mas tinha um caminho árduo a percorrer, e os filhos duvidavam de sua afeição e sinceridade. E o que é pior, agora questionavam *tudo* o que pensavam sobre o pai, o que é uma reação comum.
   Deixe-me explicar de uma maneira bem simples as necessidades de seu filho e de sua filha. Caso queira manter-se como um herói, não minta, ou melhor do que isso, seja a encarnação da verdade.

Quinta Jogada
Seja firme

Pai, embora isso possa estar fora de moda, você precisa ser um bom disciplinador. Atualmente, muitos pais querem ser "amigos" dos filhos, e que fique bem claro, você é pai e não amigo deles.
   Aliás, vou ser totalmente sincera: meu marido era o principal disciplinador em nossa casa, pois eu detesto conflito, e muitas mães têm dificuldade com disciplina porque seus sentimentos interferem. Mas disciplina ainda é necessária, pai, e cabe a você ajudar sua esposa nessa batalha familiar para que, juntos, possam fazer com que as regras familiares sejam cumpridas.
   Vou enfatizar um ponto importante: ser um disciplinador firme não tem *nada* a ver com ser áspero, crítico, raivoso, cruel, mesquinho, lesivo, nem com gritar, desenterrar ofensas passadas ou infligir castigos exagerados. Isso é *má* disciplina. A boa disciplina tem tudo a ver com:

- Estar no comando de seu filho e de si mesmo.
- Autocontrole e calma que levam a reações moderadas e proporcionais.
- Sim significa sim, e não significa não.
- Estabelecer padrões claros e coerentes de comportamento, com limites que se expandem à medida que seu filho fica mais velho.

Quando você precisa ser disciplinador, reserve o tempo necessário (minutos ou horas) para si e para a criança em questão, para decidir a medida necessária e apropriada. A meta é amor rigoroso — *pelo bem da criança* —, não retaliação. Os benefícios da boa disciplina são:

- Crianças mais fortes e autoconfiantes, e menos indulgentes consigo mesmas.
- Crianças com mais autocontrole, o que as ajudará em todos os aspectos de suas vidas.
- Crianças que se sentem amadas, pois você se importa com o que elas fazem e como se comportam.

Muitos anos atrás, um pesquisador realizou um estudo sobre rapazes na faixa de 20 anos que estavam na prisão. Ele queria descobrir se esses jovens tinham algo em comum.

Sua descoberta: todos se lamentavam de que quando estavam crescendo, "ninguém se importava o suficiente para dizer não". Era isso, não raça, nem *status* socieconômico ou nível educacional. O que unia todos esses prisioneiros era a falta de disciplina em sua infância, pois ninguém se importava o suficiente para dizer não. Você precisa se importar o suficiente para ser disciplinador.

Daniel era divorciado e pai de três meninas de 4, 7 e 9 anos, das quais tinha custódia parcial. Elas moravam uma semana com ele e outra com a mãe. Sem saber o que fazer e como ser um bom pai nessa situação estressante, analisou as três filhas, ouviu-as com atenção e conversou com seus professores. Ele gostava de brincar com elas —, isso era fácil, mas estabelecer regras era bem mais complicado, sobretudo porque as suas provavelmente seriam bem diferentes daquelas impostas pela ex-mulher. Disse-lhe que seguisse seus instintos; ele queria diretrizes. Então, passei-lhe as seguintes:

1. Papai está no comando e não admite debates sobre autoridade em sua casa. (Mas seja paciente, faça perguntas e ouça quando elas falam).
2. Nada de brigas por causa de comida. Elas comem o que você come, embora talvez com uma pitada adicional de cor.
3. Nada de brigas por causa de cortes de cabelo ou roupas. Vocês podem sair para comprar roupas e entrar num acordo que satisfaça a todos.
4. Nada de tédio. Façam coisas divertidas nos fins de semana.
5. Mesmo quando elas ficarem mais velhas, continua havendo a hora certa de chegar em casa e de dormir.

Sua tarefa era estabelecer boas regras às quais elas seguissem, ser paciente, continuar conversando com elas e as ouvindo, e não se preocupar com o modo como as outras pessoas educam seus filhos.

A mãe queria que as meninas "gostassem de estar com ela", por isso era demasiado permissiva. Deu-lhes celulares quando fizeram 7 anos, nunca as mandou dormir em um horário razoável e, com frequência, deixava-as dormirem com ela. Caso quisessem três opções de comida no jantar, preparava o que cada uma queria.

Tudo isso colocava Daniel em uma situação difícil, pois quando iam para a sua casa, estavam mal-humoradas. "Elas não falavam muito, exceto para reclamar da lição de casa e da hora de dormir; fora isso, me davam respostas monossilábicas." Viviam dizendo a ele: "você é mau! Mamãe nunca faria isso conosco!", a ponto de ele *quase* responder: "bem, se vocês gostam tanto de sua mãe, então voltem para a casa dela!". Naturalmente, em vez de fazer isso, ele mordia a língua, refreava o impulso e resistia à tentação.

Por dois anos, Daniel lutou com a hora de dormir, as tarefas cotidianas, a lição de casa e as respostas atrevidas. Então, algo miraculoso aconteceu. "Certo dia, elas vieram para minha casa e foi como se eu tivesse três filhas diferentes. A mais velha estava prestes a fazer 13 anos e eu estava planejando uma festa. Nós discutimos nossas ideias, fomos fazer compras e preparamos um baile. Depois disso, ninguém mais gritou nem reclamou sobre a hora de dormir. Ocasionalmente, havia queixas sobre a lição de casa, mas fora isso, a vida se acalmou. Eu queria muito perguntar às meninas o que havia mudado, mas me contive.

"Isso continuou por meses e os meses viraram anos. Acho que finalmente, no decorrer do tempo, percebi o que havia acontecido. As meninas pararam de brigar comigo porque confiavam em mim, sabiam quais eram as regras e acho que finalmente se deram conta de que eram para seu bem. Minha filha mais velha entendeu isso primeiro, e depois as outras duas também. Acho que, de certa forma, elas se sentiam seguras em minha casa, sabiam que eu estaria ali todas as noites, o que tinham de fazer e também que eu não estava brincando quando dizia algo a elas. Eu nunca gritava, mas quando dizia não, sabiam que se desobedecessem ficariam sem seus celulares ou sem treinar futebol por uma semana, ou outro castigo qualquer. Isso deu certo e parecia que gostavam de ter regras, padrões, ordem e rotina."

"É claro que gostam", comentei. "Isso as faz se sentirem seguras, protegidas, amadas e queridas, e toda menina quer que o pai a proteja, mesmo que diga o contrário. Elas detectam fraqueza, sabem quando estão manipulando um dos pais; reconhecem sua honestidade e força, e que regras significam que você se importa com elas."

As meninas amadureceram e quando marcavam viagens para visitar faculdades, queriam que o pai as levasse. Quando tinham problemas com os namorados, telefonavam para o pai e era ele a força confiável e estável em suas vidas, pois tivera a coragem de ser pai e disciplinador, em vez de tentar ser como um amigo mais velho.

Sexta Jogada
Continue empenhado

Um dos grandes testes para analisar o caráter de um homem é sua capacidade de permanecer comprometido com uma causa, uma pessoa, seu trabalho ou suas crenças. Caso esteja casado há mais de dois ou três anos, você entende que o casamento é algo mais do que uma lua de mel prolongada, é um compromisso.

Seus filhos também têm de aprender que muitas coisas na vida envolvem *compromisso*. Quando minha filha mais velha conseguiu o primeiro emprego bom, disse-me que, entre as várias falhas minhas como mãe, foi a de não adverti-la sobre o quanto trabalhar pode ser *entediante*. Bem, a vida é assim, e há dias em que você não quer ir trabalhar, estar casada ou ser boa para seus filhos, mas tem de fazer tudo isso custe o que custar. Isso é permanecer comprometida com seu trabalho, seu cônjuge e sua família.

Pais podem ser ótimos professores sobre o que significa aguentar o tranco e manter a firmeza, pois isso é parte de ser um homem; heróis não desistem das coisas e vão além do esperado. Eles se mantêm empenhados em seu objetivo, sua promessa, e fazendo o que é correto.

Minha mãe morou na casa vizinha à nossa em seus últimos dez anos de vida. Após meu pai ir para uma clínica de repouso, meu marido e meu filho frequentemente a ajudavam. Certa noite, bem depois que já havíamos deitado, meu marido recebeu um telefonema dela e sussurrou para mim: "sua mãe está com algum problema, então vou até lá. Eu ligo se precisar de você". Acordei no dia seguinte às 7 horas e 30 minutos e escutei quando entrou em casa. Ele veio para o nosso quarto e notei que estava exausto. "O que aconteceu?", perguntei. Ele contou que minha mãe sentiu dores no peito e que estava claramente aflita. Então, chamou uma ambulância, passou a noite com ela no hospital e achou melhor não me acionar, mesmo sabendo que eu não tinha de ir ao consultório no dia seguinte, fazendo a gentileza de me deixar dormir e tomando conta de minha mãe.

Após trinta anos de casamento, acho que nunca o amei mais do que naquela manhã. Isso era compromisso, conforme meu filho também presenciou, pois havia escutado o pai chegar em casa e entreouviu nossa conversa. E pouco antes do meu filho ir para a escola naquele dia, eu lhe disse: "querido, é assim que alguém ama sua esposa. Jamais se esqueça disso."

Se você quer que seu filho tenha esse tipo de compromisso, se você quer que sua filha se case com um homem empenhado dessa forma, mostre que é assim que se faz.

Essas são suas jogadas. Brinque, ore e seja um homem honesto. Mantenha-se estável, seja firme e resoluto. E, acima de tudo, jamais desista de seus filhos nem de ser um ótimo pai. Conquistar seus filhos requer estratégia. Trace uma estratégia simples para cada jogada e concentre-se nelas. Eu garanto que se fizer tudo isso, você será o herói de seus filhos.

7
Palavras: poder de curar ou machucar

Imagine ver seu filho no gelo no torneio estadual de hóquei. Restando 6 segundos e com o jogo empatado, o outro time lança um petardo e seu filho, que é o goleiro, não consegue bloqueá-lo porque escorrega e cai. A multidão geme e vaia, e seu coração se aperta. O que você dirá a ele quando estiverem voltando de carro para casa?

Você está levando sua filha de 11 anos para uma aula de piano, ela está de péssimo humor porque acabou de menstruar e você não sabe disso, pois sua esposa não lhe contou. Queixa-se durante todo o percurso sobre seus amigos que conseguem fazer mais coisas do que ela. Você calmamente diz, "engano seu" e ela explode, "que droga, pai! Você não sabe de nada. Às vezes, acho que você é burro!". Como você reage?

Seu filho acaba de concluir o ensino secundário e esta é a noite do baile estudantil. Você lhe empresta sua BMW de segunda mão, e às 2 horas da madrugada recebe um telefonema. Ele está na delegacia de polícia, seu carro deu perda total, e você quer gritar com ele. Mas fará isso mesmo?

Uma vez ou outra, todos nós dissemos algo aos filhos e ao cônjuge que nos encheu de culpa e remorso. Por quê? Porque somos humanos, cometemos erros e, às vezes, ficamos tão frustrados, alterados, raivosos, tristes ou irritados que reagimos sem pensar.

Deixe-me, porém, desafiá-lo com algo que você precisa colocar na cabeça: como pai, suas palavras têm um impacto enorme, até desproporcional, sobre sua família. Você pode não perceber isso, mas sua esposa e filhos sim, pois é o líder da família. Para seus filhos, você é o pai deles, e nunca é um cara raivoso, triste ou frustrado. Cada palavra dita por você tem o poder de ferir ou curar, de arrasar ou inspirar.

Existem muitas formas de expor seus sentimentos em palavras. Se você usar a brandura na entoação de sua voz, certamente afugentará o furor das suas emoções e não provocará a ira de quem está sendo atacado. Usar sabedoria emocional quando você precisa usar as palavras é a melhor forma de você se proteger, e aos que ama, para não surgirem mágoas desnecessárias.

Naturalmente é difícil dar respostas calmas, controladas e gentis quando alguém o está criticando ou gritando com você, mas pense sobre isso. Todos nós não admiramos o homem que, em uma crise, mantém a cabeça no lugar? É isso que um herói faz, como o vaqueiro lacônico cujas poucas palavras ditas em voz baixa podem significar mais do que um amontoado de gritos. Mais do que isso, manter a cabeça no lugar significa não dizer coisas das quais se arrependerá, e atenua o momento e não deixa amargura depois.

Veja o que você precisa saber: de hoje em diante, é sua a opção de ser o pai que deseja ser, e pense sobre isso. De que maneira quer demonstrar isso? O que quer ensinar a seus filhos e filhas?

Pense no modo como seu pai se dirigia a você, com encorajamento e paciência ou com sarcasmo e fúria? Seja qual for o caso, pense como se sentia e, se absolutamente não o conheceu, deixe de lado sua provável fúria contra esse fantasma para ser o homem que *você* e seus filhos querem que seja, o pai-herói forte e compreensivo, que sabe que palavras sábias e um coração gentil podem mudar uma vida.

A boa notícia é que seus filhos querem a sua ajuda, como também que os ensine e estimule, e toda vez que você pisar na bola, perder a cabeça ou disser coisas erradas, eles estão prontos para perdoá-lo e ir em frente se realmente quiser acertar. Eles estarão do seu lado se existir uma boa comunicação entre vocês.

Considere seu discurso como um projeto. Sua língua é uma ferramenta poderosa mas, como qualquer músculo do corpo, precisa de treinamento, então, treine-a. Se você adquirir controle total sobre as palavras, é incrível como irá se sentir melhor e ter muito mais influência sobre todos ao redor. De fato, você pode até superar a raiva, a depressão e a ansiedade, e sentir-se mais feliz, se mudar sua maneira de falar. Caso duvide, faça o seguinte experimento por duas semanas: diariamente faça um elogio sincero à sua esposa, a seus filhos ou aos colegas de trabalho, e ficará surpreso com os resultados. Seu relacionamento com as pessoas mais próximas será melhor, como também se sentirá mais feliz em relação à vida... e a si mesmo! Claro que se tem tido pensamentos negativos há muito tempo, talvez precise de um ou dois meses para mudá-los, mas afirmo que se fizer isso, funciona. Simplesmente mudar seu modo de falar pode mudar a sua vida, como também seu relacionamento com as pessoas ao seu redor; você pode verdadeiramente e, como diz o hino, iluminar o canto em que você está.

Pais são ótimos comunicadores
Mulheres costumam verbalizar mais do que homens. Em sua família, porém, *você* é o grande comunicador. Diariamente, onde quer que esteja ou mesmo quando estiver ausente, você comunica algo forte, pois para seu filho nada do que você diga ou faça é neutro.

Caso não esteja ali, ele sente sua falta, pode se culpar e se sentir inseguro mesmo que se orgulhe, por exemplo, de você ser um soldado atuando no exterior. Sua ausência não é neutra. Caso esteja em casa, porém ensimesmado e distante, sua filha desconfiará que não se importa com ela. Não interagir também não é algo neutro.

Mas se você sai do trabalho e vai direto para casa, tira a gravata e põe sua luva de beisebol para uma partida de brincadeira, seus filhos irão adorar esse tempo com você e, provavelmente, vocês também serão mais felizes. A felicidade é contagiante e pode vir de uma só palavra, de um simples sorriso, de uma decisão de passar tempo de qualidade ou de diversão com aqueles que você ama.

Aqui estão alguns exemplos de como isso funciona.

O pai de Henry é militar e muitas vezes atua no exterior, geralmente por períodos de três a sete meses. Seus pais fazem questão que o filho de 5 anos saiba que o pai só está ausente temporariamente e só porque tem um trabalho extremamente importante a fazer por sua família e seu país. Isso atenua um pouco a situação, e protege Henry da ideia errônea de que não é amado. Ele ainda sente a falta do pai, mas fica tranquilo por saber que ele voltará para casa e, que quando chegar, eles compensarão essa ausência passando mais tempo juntos.

Jenna tem 10 anos e seu pai é quem fica em casa, embrulha seu almoço e a leva até o ônibus da escola. Caso o pai esteja feliz de manhã, ela fica feliz. Caso ele fique com raiva porque ela derramou o suco de laranja, se preocupa com isso o dia inteiro e fica de mau humor no ônibus e na escola. Foi isso que me disse e que contei a seu pai, que ficou surpreso. Isso, porém, é um sinal de alerta para todos os pais. *Tudo* o que vocês dizem e fazem ou deixam de dizer e fazer importa.

José sabe que seu pai adora vê-lo jogar futebol e o menino está sempre ciente da presença paterna: ele se sente relaxado se o pai parece relaxado, como também nervoso se ele parece ansioso nas laterais do campo. O pai de José não tinha ideia de que sua linguagem corporal, como enfiar as mãos nos bolsos ou cruzar os braços defensivamente no peito, tinha qualquer influência sobre o filho, até eu chamar sua atenção para o fato de que o efeito disso sobre seu filho é enorme.

Leanne tem 18 anos e está se inscrevendo em faculdades, mas seu pai quer que ela vá para uma universidade da Ivy League. Embora seja uma estudante muito aplicada e suas notas sejam boas, a preocupação dele de que ela não tenha preenchido os formulários corretamente ou não tenha mantido contato suficiente com as faculdades a deixa tensa e querendo evitar qualquer conversa sobre esse assunto. Em vez de ser estimulada a fazer mais, Leanne fica procrastinando, se preocupando e querendo adiar reflexões sobre o assunto, pois sente uma pressão excessiva. Seu pai tem as melhores intenções, mas precisa recuar um pouco, não pressionar a filha, entender e deixá-la saber que a faculdade que porventura venha a aceitá-la receberá uma aluna notável e uma pessoa excelente; o foco deveria ser nela, não na faculdade.

A mensagem importante para vocês, pais, é bem simples: suas palavras, linguagem corporal e presença podem determinar o estado mental de seu filho *diariamente*. Seus filhos podem não lhe dizer isso, mas dizem a mim como sua pediatra. Eles assimilam tudo o que você faz e diz como uma reflexão sobre eles e sobre como deveriam se sentir e reagir. A identidade deles ainda está em formação e eles estão constantemente recorrendo a você para lhes dizer quem são. Como pai e grande comunicador, você precisa se certificar de dizer as coisas certas a eles.

Quatro pilares da boa comunicação paterna

Ao conversar com seus filhos, pense na sigla CAAR, que significa correção, afirmação, atenção e respeito — as quatro coisas essenciais para os pais se comunicarem. Dominar esses pilares facilita muito as conversas com os filhos.

Correção

Quando as crianças são pequenas, muitos pais sentem que tudo o que fazem é dizer não. Crianças de 2 anos, por exemplo, passam a maior parte do dia se envolvendo em situações perigosas. Como sua função é protegê-las, você acaba dizendo não inúmeras vezes.

Não há dúvida de que a atenção que elas requerem e seus acessos de raiva são desafiadores. Mas é nessa fase da vida da criança que você deixa claro que quando diz não é sério, e você tem de fazer isso sem parecer ríspido, caso contrário ela se isola e fica tristonha e raivosa.

Aqui vai uma dica: ao corrigir uma criança, use o mínimo de palavras possível. De qualquer forma, por ora sua filhinha sabe apenas poucas palavras e, quando ficar mais velha, irá ignorar sermões paternos longos. Todas as crianças fazem isso, pois se você as corrige longamente, elas se sentem envergonhadas, magoadas, constrangidas e, por autodefesa, tentam parar de escutá-lo. Usar poucas palavras também testa seu temperamento. A raiva costuma aumentar, então controle-se e pare de falar. Saia da sala e não bata a porta.

Veja algumas situações que você pode encarar.

Sua filha corre para a rua logo após você lhe dizer para não fazer isso.

Não diga isso: "Não acredito como você é tão má! Acabei de dizer para não fazer isso e você correu direto para a rua só para me contrariar!".

Diga isso: "*Nunca* mais faça isso!", com voz firme e fazendo contato visual. Deixe-a sozinha no quarto dela chorando um pouco. Ao voltar, diga que ela precisa obedecer-lhe e confiar em você, pois está ali para mantê-la segura.

Seu filho de 8 anos parte para a briga com a irmã e bate nela.
Não diga isso: "Como você é idiota! Já não falei milhares de vezes para não bater nela? Qual é seu problema? Por que não escuta o que eu digo?".
Diga isso: "Filho, jamais bata em meninas, sobretudo em sua irmã. Você vai ficar sem computador e televisão por uma semana."

Sua filha de 10 anos é suspensa da escola por um dia por maltratar outra menina.
Não diga isso: "Que professora péssima! Como ela pôde acreditar que você faria algo assim?".
Nem isso: "Não acredito que você seria burra a ponto de amedrontar alguém. Qual é seu problema? Você não sabe que não pode ser má para as pessoas sem sofrer as consequências?".
Diga isso: "Estou muito decepcionado com você porque nunca deveria maltratar ninguém; isso é errado. Você vai ficar sem celular por duas semanas. Todo dia vai vir para casa imediatamente após a escola e trabalharemos em um plano para ajudá-la a nunca mais fazer isso."

Se sua filha entra em encrenca na escola, procure o professor e descubra o que aconteceu. Não a defenda instintivamente, pois se você poupá-la sem um bom motivo, ela se sentirá livre para voltar a se comportar mal.

Evite também ofensas. Nunca chame de burro alguém no trabalho ou em casa. O ponto é *nunca* rebaixar seu filho e sempre *corrigi-lo*.

Seu filho de 17 anos é multado por dirigir a 145 quilômetros por hora na autoestrada.

Não diga isso: "Filho, desta vez você realmente botou tudo a perder! Trabalhei tão duro para ajudá-lo a comprar esse carro e veja o que recebo em troca — desrespeito total e uma multa! Mas você sabe que terá de pagar essa multa, certo? Eu é que não vou! Você tem sido desrespeitoso, pateta, e aposto que só estava se exibindo! Aliás, por que você precisa se mostrar para os seus amigos? Isso é ainda mais pateta do que correr em alta velocidade. Você deve ser burro para tomar essas decisões tão ruins, sair e quase se matar!"

Diga isso: "Filho, deixei você dirigir o carro porque confiava em sua maturidade, mas me enganei. Você pagará a multa e quaisquer taxas extras que cobrarem pelo seguro do carro. Dê-me as chaves do carro. Sinto muito, mas você está de castigo por um mês."

Você acha sete lições de casa na mochila do seu filho, as quais ele nunca entregou na escola.

Não diga isso: "Você está brincando comigo? Não acredito que você não tem feito suas lições de casa! Qual é o seu problema? Você era um garoto tão inteligente. Continue assim e você nunca entrará na faculdade!"

Diga isso: "Filho, preciso falar com você. Notei que você tem sete lições de casa que não entregou na escola. Por quê?"

A boa disciplina requer bastante autocontrole de sua parte.

Sempre respire fundo e lembre-se de que sua meta é corrigir sucinta e efetivamente seus filhos, não atemorizá-los, intimidá-los ou rebaixá-los. Caso grite com seu filho, você desvia a atenção dele do mau comportamento e a dirige para sua raiva. Caso você admita ser genioso, dê um tempo a si mesmo antes de reagir.

Ser pai é uma responsabilidade profissional, e se consegue controlar seu temperamento no trabalho, você pode controlá-lo em casa e ponto final. Caso seja difícil, é preciso se empenhar mais das seguintes maneiras: despersonalize os problemas; aborde-os de maneira objetiva e imparcial (como no trabalho); mantenha o foco no futuro, em manter uma conversa franca com seu filho, pois você não quer que ele se retraia por medo de provocar outra explosão. O ponto é, se você permitir que a raiva domine seu relacionamento com os filhos, ela irá envenenar tudo, inclusive você, pois terá raiva de si mesmo e se culpará pelos erros dos filhos, erros esses que de fato fazem parte da infância. Então, dê aquela respirada profunda pelo seu bem e pelo bem deles, e corrija-os com paciência, calma e amor.

Afirmação

Geralmente, pais são ótimos em afirmar suas filhas, porém menos eficazes em afirmar seus filhos, pois acham que isso é desnecessário. Mas tanto filhos quanto filhas precisam de sua afirmação oral, e você também se sentirá melhor fazendo isso.

O que quero dizer com afirmação? É deixar as crianças saberem o quanto são intrinsecamente valiosas para você, pois são seus filhos, não por causa de qualquer proeza que tenham feito, e o quanto você confia na capacidade deles de lidar com desafios e problemas, mesmo que alguns ou muitos requeiram sua ajuda.

Para expressar afirmação, use o que eu chamo de "palavras de poder". Elas ajudam a construir o caráter. Diga a seu filho, por exemplo, que ele é forte, gentil, capaz, paciente, cuidadoso com os outros, amável, valioso, atencioso, esperto, corajoso, persistente ou tenaz. Certifique-se também de dizer: "eu o admiro, o respeito, o amo, acredito em você, me importo com você e tenho confiança em você."

Essas são palavras fáceis de afirmação que você pode inserir em qualquer conversa a qualquer hora. Se você quer ficar mais próximo de seu filho ou filha *rapidamente*, use-as frequente, sincera e autenticamente, mas sem ficar meloso, pois isso os afasta.

Aqui estão algumas palavras de poder que você sempre deveria evitar.

Você é: burro, imprestável, preguiçoso, idiota, babaca, um bebê, um fraco, um brinquedo da sua mãe, rechonchudo demais, gordo, feio, você nunca irá longe. Também nunca diga não aguento mais você, queria que você nunca tivesse nascido, odeio você, não gosto de você, não suporto ficar perto de você, não quero vê-lo nunca mais.

Toda conversa que você tem com os filhos faz com que eles se sintam melhor ou pior. Opte pelo melhor.

Gostaria de falar um pouco sobre provocação e sarcasmo. Com frequência, pais provocam os filhos chamando-os de coisas negativas ou "ridicularizando-os" por diversão. Mas pense sobre isso. Sempre que você usa sarcasmo ou provocação, há uma ponta de verdade por trás das palavras. É por isso que as pessoas provocam: elas pegam um fragmento de uma verdade desconfortável e tentam torná-lo divertido. Mas nunca conheci uma criança que gostasse de ser provocada pelo pai. Por outro lado, falo com muitas que se magoaram com isso. Meu conselho: não use sarcasmo com seus filhos, pois é arriscado demais. Afinal, uma palavra gentil pode lhes fazer um bem enorme! Uma das coisas maravilhosas em relação a crianças é que uma frase, uma palavra de poder na hora certa e até uma piscada sua no momento certo podem mudar suas vidas.

Atenção

Desde o primeiro momento em que você pega sua filha bebê no colo, ela ansiará por sua atenção e, à medida que fica mais velha, irá se apegar a cada palavra sua, até a um simples "bom dia", e estará constantemente ciente de sua presença ou ausência.

Seu filho ficará ansioso para que você veja sua primeira tacada no esporte, ouça seu primeiro solo de trombone, discuta o filme favorito dele ou brinque de bola após o trabalho. Seu relacionamento com os filhos depende da atenção que você lhes dá — e eles querem desesperadamente sua atenção, pois ela os faz se sentirem importantes, pois eles têm coisas importantes que querem partilhar com a pessoa mais importante em suas vidas, seja um filme, um triunfo pessoal ou simplesmente a alegria de brincar no quintal ou no porão.

Samuel era filho único. Seus pais nunca se casaram e ele morou alternadamente com a mãe e o pai durante seus anos na escola primária. Seu pai então mudou de cidade e ele teve que ficar com a mãe a contragosto, pois o novo trabalho do pai envolvia muitas viagens. Eles eram bem próximos e frequentemente pescavam em um rio local; ele adorava as noites em que juntos jogavam bola no pequeno quintal atrás do *trailer* do pai. Ele me disse: "Nós não conversamos muito, mas jogar bola com meu pai era como fazer aquecimento para um jogo no Yankee Stadium; era algo especial."

Após seu pai mudar para outra cidade, ele se sentiu perdido. O pai telefonava e fazia o possível para se manter conectado, mas muitas de suas viagens eram para o exterior e, às vezes, ambos ficavam sem contato telefônico durante meses, só lhes restando cartas e *e-mails*. "Com o tempo, fui ficando cada vez mais triste. Eu não sabia como descrever isso de outra forma, a não ser que me sentia vazio, como se faltasse algo realmente importante em minha vida. Tentava ao máximo não pensar nisso nem em meu pai, me empenhava bastante na escola e tentava ajudar minha mãe em tudo que podia."

Quando Sam entrou no ensino secundário, algo se rompeu. Suas notas decaíram, ele começou a fumar maconha, a beber demais e até engravidou uma menina. Para aflição de sua mãe, ele saiu de casa e parou de ir à escola. Durante essa época, ela me disse que estava chocada. O que acontecera a seu garoto tão bom? Como ela estava desesperada, entrou em contato com o pai de Sam, que estava trabalhando no exterior, e implorou que ele voltasse e ajudasse. A princípio, o pai de Sam disse que não podia voltar dos Estados Unidos, pois seu trabalho era intenso e sua equipe era pequena. Mas ela continuou telefonando e dizendo que estava preocupada com a vida do filho. O pai de Sam finalmente voltou. Quando o viu, Sam ficou raivoso e na defensiva. Ele temia tê-lo decepcionado e estava envergonhado. Mas seu pai nunca gritou com ele. Simplesmente voltou para viver perto do filho e se reintegrar na vida dele. Ao longo dos cinco meses seguintes, a vida de Sam começou a dar uma reviravolta. Ele parou de ir ao aconselhamento psicológico, embora a contragosto de sua mãe, e passava o máximo de tempo possível com o pai. Eles até voltaram a jogar bola.

Levou muito tempo para o pai de Sam perceber o efeito enorme que sua presença — ou ausência — tinha sobre o filho. De certa forma, ele achava que, como nunca se casara com a mãe de Sam e não houve, portanto, divórcio, sua partida não provocaria um trauma. E esperava que Sam entendesse que ele partira devido a uma oportunidade profissional, não por causa de qualquer coisa que o filho fizera. Mas não é assim que as crianças pensam. Casados ou não, mamãe e papai são essenciais e é traumático para as crianças quando eles se separam. Independentemente de qualquer coisa, as crianças precisam do pai. Vi isso inúmeras vezes. Há um número imenso de problemas comportamentais que podem ser curados ou prevenidos por mães e pais que prestam atenção nos filhos. Toda filha quer mais atenção paterna, e se não obtém isso dentro de um relacionamento construtivo e harmonioso, passa a ter um relacionamento destrutivo e desarmonioso com ele ou com outros homens. Da mesma maneira, todo filho quer mais atenção paterna e, se não a obtém, pode se comportar de forma parecida com a de Sam.

Aqui estão algumas maneiras-chave para dar a seus filhos a atenção pela qual tanto anseiam.

Faça contato visual. É irritante falar com alguém que não olha para você e prefere ficar vidrado no celular. Você se sente desimportante. É assim que seu filho se sente, multiplicado por dez, quando você não o olha. Portanto, faça contato visual, e reconheça que um ou dois minutos de atenção total geralmente satisfazem uma criança, ao passo que ignorá-la acumula uma frustração que será manifestada no futuro.

Fale menos, escute mais. Homens falam menos e isso lhes traz uma vantagem, podem ser bons ouvintes. Meninas gostam de falar e, se você for um bom ouvinte, suas filhas lhe contarão muitas coisas. Meninos falam menos, então aqueles momentos em grande parte silenciosos, como os que Sam tinha com o pai pescando ou jogando bola, podem ser mais efetivos na construção de um relacionamento saudável do que conversas forçadas. Meninos, porém, têm aversão a ouvir orientações e sermões constantemente. Para eles, ações falam mais alto do que palavras. Se você quiser instruí-los sobre algo, a exemplo de maturidade, mostre isso concretamente.

Em suma: seja disponível, compromissado e bom ouvinte, que seus filhos terão mais felicidade e autoconfiança sob seus cuidados.

Um minuto se torna uma hora. Uma das coisas mais preciosas em relação às crianças é que para elas o tempo é mágico; sua qualidade e extensão podem mudar conforme as circunstâncias. Quando você lhes dá um pouco de tempo e atenção de qualidade, esse tempo se expande em suas mentes. Isso significa que se investir 5 minutos por dia em conversas com sua filha, ela crescerá sentindo que você sempre esteve disponível para ela, disposto a conversar e a partilhar o dia dela. Duas horas por semana pescando, jogando bola ou montando um aviãozinho com seu filho dará a ele uma sensação de alegria por ter passado um tempo com você. Essas são as lembranças que os filhos guardam pelo resto da vida.

Respeito
Praticamente todo pai sentirá em algum momento que as crianças não o estão tratando com o devido respeito. Até eu me espanto ao ouvir crianças chamarem seus bons pais, inteligentes e bem-intencionados de "burros" ou "perdedores". Elas reviram os olhos em sinal de exasperação ou oposição a algo que o pai disse. Concordo que isso é frustrante, mas acontece comumente e pode ser perturbador para você e outros adultos como eu.

Parte do problema — e isso é um simples fato — é que nossa cultura está mais grosseira, obtusa e vulgar do que nunca, e isso se reflete nas crianças e em muitos adultos.

Outra parte do problema é que acreditamos não poder — ou simplesmente não queremos — fazer nada a respeito. Você sai cansado do trabalho e chega em casa. A última coisa que quer é entrar em conflito com os filhos por causa do comportamento rude deles; e talvez você os veja tão pouco que só quer partilhar momentos divertidos, mesmo que isso signifique tolerar um comportamento reprovável. Outros pais deixam de corrigir os filhos porque acham que, hoje em dia, todas as crianças falam desse jeito e, como eu já

CAPÍTULO 7   135

comentei, muitas delas de fato falam assim. Mas se faz vista grossa ao comportamento rude de seus filhos, pare. Para que respeitem os outros e *até si mesmas* no futuro, elas precisam começar respeitando você.

Ensinar respeito não precisa ser uma batalha e não significa que você tenha de agir como um instrutor militar. De fato, as melhores armas para instruir as crianças nesse sentido são uma disciplina calma e falar em um tom forte, firme e respeitoso. Crianças respeitam a força, e o autocontrole é um ótimo exemplo de força que seus filhos irão querer seguir caso o vejam em você.

Então, para obter respeito, mostre respeito por sua esposa e seus filhos. Falar e agir com respeito mostram às crianças o que é isso e como fazê-lo.

Encare o desafio de passar um mês sem reclamações, sem comentários negativos e fazendo um elogio diário a seus entes queridos. Depois reflita se isso não traz uma sensação de bem--estar maior para você e eles. Acho que você descobrirá que respeito gera respeito. Até crianças de 2, 3 e 4 anos podem e devem aprender a dizer "obrigado" e "por favor", e a fazer contato visual quando falam. Boas maneiras devem ser infundidas desde cedo e valem para toda a vida.

Correção, afirmação, atenção e respeito se reforçam entre si e são as quatro diretrizes para pais que atuam como grandes comunicadores. Ao corrigir seu filho, fale sem raiva, mas mostrando sua decepção respeitosa, pois sua correção será muito mais eficaz justamente pela ausência de raiva. Quando afirmar o senso de valor de sua filha, olhe-a nos olhos para que ela veja sua sinceridade. Se pretende ser um pai respeitoso, atencioso, afetuoso e afirmativo que se importa o suficiente com os filhos, a fim de ser um disciplinador calmo e racional quando necessário, escolha suas palavras sabiamente e você será o herói que seus filhos querem que você seja em termos de palavras e atos.

8

Ensine-lhes coragem e verdade

A marca de um herói é a coragem, e uma de suas tarefas como pai é ensinar aos filhos como ter uma vida corajosa. Aliás, eles esperam aprender isso com você. Ser corajoso não tem nada a ver com ser forte fisicamente ou afiado intelectualmente, embora a coragem certamente possa fazer uso da força e da esperteza. *Tem a ver com uma fortitude interna para fazer o que é correto, verdadeiro e nobre, sem se importar com o custo pessoal.*

Homens corajosos subjugam seus medos para evitar que os outros sintam ansiedade. Eles nunca deixam que o medo os impeça de fazer a coisa certa. Nunca usam desculpas para escapar da ação necessária.

Homens corajosos definem padrões, se guiam por eles e os impõem. Eles são modelos não só de bravura, mas de autodisciplina, autocontrole, tenacidade e sabedoria acumulados com a experiência.

Homens corajosos são a resposta para cada adversidade social em nosso país, pois estão dispostos a dar um passo à frente e dizer *basta*. Basta de irresponsabilidade; basta de pais abandonando os filhos; basta de ceder à cultura vigente que estimula o mau comportamento; basta de filhos sem modelos e de filhas sem protetores. A irresponsabilidade tem consequências nefastas. Responsabilidade também tem consequências, porém benéficas. Bons pais podem fazer toda a diferença.

Mães solteiras geralmente são muito enérgicas, talvez pelo fato de que, por criarem seus filhos sozinhas, tenham que desempenhar a dupla função de ser mãe e pai ao mesmo tempo. Apesar da lacuna deixada pela ausência do pai, e porque culturalmente a presença dele dentro da família significa que possa tomar conta melhor de uma filha e mostrar aos filhos austeridade e coragem para mantê-los na linha, nos dias hoje a mulher consegue manter um pulso forte educando os filhos também com coragem, austeridade, bons exemplos de princípios morais e disciplina.

O poder do não

Entre os maiores poderes paternos estão o poder do "não", que é o veto dos chefe da família, e a coragem para usá-lo. Deixe-me dar um exemplo.

Por algum tempo, Frank treinou o time de futebol de seu filho Drew. Mas Drew tinha tanto talento que, após dois anos, Frank percebeu que não havia mais nada para lhe ensinar em campo.

Drew era tão bom que foi recrutado para jogar no principal time de futebol assim que entrou no ensino secundário. Ele sabia que o pai estava orgulhoso dele, embora Frank geralmente se mostrasse frio e impassível.

Quando Drew contou ao pai que havia treinamentos obrigatórios em agosto para os membros do time principal, seu pai insistiu que as férias de verão da família eram ainda mais obrigatórias e tinham prioridade.

Drew foi tomado pela raiva, constrangimento e preocupação de que perderia sua vaga no time, de que seu treinador achasse que ele não era compromissado e sério, e que seus amigos zombariam dele. Quando disse ao treinador que perderia uma semana de treinamento em agosto, foi suspenso do

CAPÍTULO 8

time. Drew contou isso a seu pai, que não recuou. "Bem", disse Frank, "azar deles."

Drew se recusou a falar com o pai pelas três semanas seguintes. Ele sonhava em fugir de casa, mas foi viajar com a família. No verão seguinte, foi quase tudo igual. A família saiu em férias, Drew perdeu uma semana de treinamento e, com raiva, ficou sem falar com o pai. Mas o treinador de Drew o manteve no time e deixou que ele compensasse o tempo perdido de treinamento.

Drew concluiu o ensino secundário e jogou futebol por um ano na Primeira Divisão, então decidiu se concentrar em seus interesses acadêmicos. Após se formar, conquistou um ótimo emprego em uma firma de engenharia.

Naquele inverno, Frank telefonou para dar más notícias a Drew. Sua mãe tinha um câncer de mama em estágio avançado e lhe restava menos de um ano de vida, segundo os médicos disseram à família. Drew sentiu seu mundo desabar, pois adorava a mãe. Ela permanecera a seu lado ao longo do ensino secundário e dos anos de faculdade, e sempre o estimulou e apoiou, sobretudo durante suas crises com Frank. Ele não sabia como iria se arranjar sem a mãe.

Nos seis meses seguintes, Drew foi para casa, mas conforme os médicos haviam dito, ela morreu naquele mesmo ano.

"Quando me lembro daqueles anos no ensino secundário", disse-me Drew, "fico muito grato por ter passado o máximo de tempo possível com a minha mãe, pois nunca a terei de volta. E acho que finalmente entendo por que meu pai fez o que fez durante aqueles verões, insistindo nas férias em família. Eu ficava morrendo de raiva naquela época e os pais dos outros jogadores do time de futebol ficavam furiosos com ele, mas agora sinto muita gratidão por ele ter batido o pé. Ele me deu um tempo extra com minha mãe e meus irmãos que, de outra forma, eu nunca teria tido. E aquelas semanas eram muito especiais. Eu sentia raiva do meu pai, mas no fundo gostava de estar com todos eles." Drew fez uma pausa. "Será que os pais dos meus companheiros de time agiam de forma tão detestável em relação ao meu pai porque ficavam com ciúmes?" Essa foi uma percepção notável para um jovem, e deu para ver que Drew havia aprendido algumas lições difíceis, porém muito importantes, sobre a vida. Ele aprendera a distinguir o que é ou não verdadeiramente importante. E estava grato por seu pai tê-lo ensinado.

"Eu sei que pode parecer estranho, mas fico contente por meu pai ter sido inflexível conosco em relação a passarmos tempo juntos. Certamente, é isso que vou fazer com minha família."

O pai de Drew teve a coragem de insistir nas férias em família e de aceitar a raiva silenciosa do filho. Mas ao dizer "não" a prioridades equivocadas, ele ensinou uma lição formidável e duradoura ao filho.

Coragem e verdade

Fazer o que é direito, verdadeiro e nobre pode ser complicado pelo viés do politicamente correto. Tenho sorte de passar longe do corretismo político; eu faço o que a ciência médica e a experiência clínica me ensinaram ser melhor para as crianças. Eu estudo as necessidades infantis há três décadas e já cuidei de milhares delas. Sou testemunha ocular do que as ajuda e do que as prejudica. E as coisas benéficas para as crianças estão sempre alinhadas com o que é direito e verdadeiro. E aquelas coisas prejudiciais para as crianças correspondem ao que é errado e egoísta. Elas precisam de pais que liderem com coragem moral.

Sou uma grande defensora dos pais, porque sei o quanto significam para os filhos. Eu sei o quão corajosos e abnegados eles podem ser, e também com que frequência alta o papel deles na família é desrespeitado ou subestimado em uma cultura que vem perdendo de vista o que é verdadeiro.

Quando pais pedem meu conselho sobre que filmes ou *videogames* são aceitáveis, geralmente digo uma variação de "o pai é quem sabe melhor", porque isso é a mais pura verdade. Pais têm um instinto natural de proteger suas famílias. O pai sabe os filmes que seus filhos devem ou não ver; sabe como a filha de 15 anos deve se vestir para ir à escola ou ao baile estudantil; sabe o quanto é importante fazer do tempo em família uma prioridade. Portanto, o que o impede de seguir seus bons instintos paternos? Eu sei que não é por falta de coragem nem por não distinguir o certo do errado. A razão mais provável é você ter sido doutrinado para pensar que é errado dizer não, que talvez nem sempre o pai saiba o que é melhor, e que tenha de se dobrar à nossa cultura decadente. Jamais acredite nesses absurdos. Você é o pai e o herói, seja corajoso. Posicione-se pelo correto em detrimento do errado, e defenda sua família a qualquer custo.

Eu sei que pode ser difícil, sobretudo em questões de sexo e moralidade, pois os padrões estritos que adotávamos tiveram uma reviravolta considerável. E isso ocorreu não porque de uma hora para outra aprendemos cientificamente ou clinicamente que a liberdade e a "experimentação" sexual podem ser interpretadas como libertinagem — na realidade, nós sabemos que toda mudança requer reavaliação e aceitação por parte da sociedade e da família como um todo. Isso ocorreu porque há uma guerra cultural em curso com padrões adversos aos conceitos originais, e cabe aos pais fazerem valer suas crenças, adaptando-se da melhor forma possível para educarem seus filhos com seus próprios critérios, dentro dessa nova realidade. Deixo para historiadores e outros a tarefa de nos dizer por que isso é assim, mas em meu trabalho vejo resultados trágicos quase que diariamente. Quando comecei a praticar medicina, era preciso se preocupar com duas ou três doenças sexualmente transmissíveis. Agora há mais de trinta e essa é a epidemia menos divulgada na história médica americana. E ela não é divulgada por ser fomentada e induzida por muitas das principais instituições públicas e programas de "saúde" deste país, que defendem a contracepção como a panaceia que ela não é, e que estimulam atividades e comportamentos sexuais que de fato são perigosos.

A cultura pode estar enlouquecendo, mas você, como pai, não pode. Você quer que seus filhos estejam seguros. Você não quer que eles pratiquem sexo desenfreadamente na faculdade, porque não deseja, de forma alguma, que algo de ruim possa lhes acontecer.

Quando se trata de seus filhos, você quer que eles sejam indivíduos fortes, respeitosos e notáveis porque, afinal de contas, são um reflexo seu. Você tem uma consciência, um discernimento do que é certo ou errado, e eu o estimulo a usar isso. Caso precise de um pouco de ajuda, aqui estão algumas diretrizes que aprendi para ajudar crianças.

O que é certo:

1. Crianças devem falar e agir respeitosamente com os pais e outros adultos.

2. Crianças devem aprender a valorizar suas crenças.

3. Crianças devem ter respeito pelos irmãos e pares.

4. Crianças devem esperar que os pais supram suas necessidades básicas.

5. Crianças devem aprender a se empenhar arduamente para desempenhar suas atribuições.

CAPÍTULO 8   143

6. Crianças devem aprender a viver em comunidade.
7. Crianças devem entender que são parte de uma família, a qual não gira em torno delas.
8. Crianças devem considerar o próprio corpo o templo de sua alma, não algo a ser prejudicado ou desfigurado.
9. Crianças devem brincar ao ar livre, respirar ar puro, correr, nadar e se divertir.
10. Crianças devem sonhar com otimismo sobre seu futuro.

Inversamente, considero que as crianças não devem fazer as seguintes coisas erradas ou danosas.
O que é errado:

1. É errado crianças aprenderem que é bom ser autocentradas.
2. É errado crianças mostrarem claro desrespeito a seus pais e outros adultos.
3. É errado crianças fazerem mal de propósito aos outros.
4. É errado crianças usarem linguagem obscena.
5. É errado crianças praticarem sexo.
6. É errado crianças serem preguiçosas.
7. É errado crianças enganarem, mentirem e roubarem.
8. É errado crianças desprezarem pessoas devido a raça ou religião.
9. É errado crianças passarem mais tempo diante de dispositivos eletrônicos do que com você.
10. É errado crianças experimentarem drogas.
11. É errado crianças serem discriminadas por suas identidades sexuais.

Eu aprendi que quando fazem o que está na lista "certa", as crianças se tornam adultos responsáveis, trabalhadores e com caráter forte. E, quando seguem a lista "errada", é quase garantido que se encaminhem para problemas físicos, psicológicos, sociais ou econômicos. Minha lista não é definitiva e, obviamente, você e sua esposa podem fazer outra. Mas defina seus padrões e atenha-se a eles, porque tais padrões são os trilhos para o futuro de seus filhos.

As decisões que você toma quando seus filhos têm 2, 3, 5 ou 10 anos são extremamente importantes. Mas não caia na armadilha tão frequente de achar que seus adolescentes não precisam tanto de você, pois já parecem crescidos e são até mais altos do que você. Na verdade, seu filho adolescente precisa de você mais do que nunca, necessita ver que masculinidade é coragem e força silenciosa, não seguir a gangue, ficar bêbado, fumar ou dormir com meninas. E, caso tenha uma filha linda de 16 anos, você precisa estar vigilante com potenciais namorados. Diga que eles devem respeitá-la como mulher e manter as mãos a uma distância respeitosa. Mesmo assim, ela pode aparentemente desprezar seu conselho e até bater a porta do quarto quando você proibi-la de namorar um determinado menino. Você fez o que devia. Dizer "não" requer muita coragem e é exatamente disso que sua filha precisa e irá respeitar. Afirmo que passado algum tempo ela irá lhe agradecer e adorá-lo. Ela acabará respeitando-o porque irá valorizar sua força, orientação e sabedoria que a impediram de tomar uma decisão errada, talvez até alguma que teria consequências graves.

Quando coragem significa ficar em silêncio

O herói tradicional costuma ser forte e de poucas palavras, e existe uma sabedoria nisso.

Apesar de décadas de propaganda de que homens deveriam "partilhar" seus sentimentos, o fato é que há muitos pensamentos ou sentimentos que não devem ser partilhados, e sim abafados, e que certamente não devem influir em nada. O homem corajoso treina para ignorar esses pensamentos ou sentimentos. Ele aprende a controlar seus momentos ocasionais de frustração, decepção ou desespero. Vive de acordo com seu código moral interno, e isso inclui não sobrecarregar os outros com seus problemas nem se deixar dominar pelos próprios sentimentos ou pensamentos.

Isso também significa certificar-se de que o que você diz é guiado por suas crenças morais. O homem bom põe a verdade moral acima da tentação emocional em termos de palavras, pensamentos e ações.

Sei que pode ser difícil seguir esse conselho, mas ele mostra que tais medidas fazem parte de ser um homem bem-sucedido e heroico, o modelo que certamente você quer e pode ser, porque tudo isso está no interior de todo homem. Homens fracos, que rotineiramente se sujeitam aos próprios sentimentos, quase sempre acabam mal e arrependidos de suas fraquezas.

Homens fortes se orgulham de viver segundo seu código moral. Em grande parte, isso o define e pode significar resistir silenciosamente, a exemplo do pai de Drew, à raiva de um filho e aos comentários detestáveis de outros pais. Esse tipo de estoicismo, autocontrole e confiança discreta são intrínsecos a um pai-herói e fonte de uma força que cresce e inspira seus filhos, quanto mais você a usa.

O silêncio forte e autocontrolado de um pai soa em altíssimo volume. Autocontrole e coragem discreta são virtudes raras nesta época autocentrada e ávida por conversas fúteis, mas continuam sendo virtudes.

Coragem, verdade e seus filhos

Às vezes, porém, pais são silenciosos pelos motivos errados, pois creem na mentira de que crianças nunca os escutam.

Ao longo de trinta anos, uma das coisas que aprendi sobre crianças de todas as idades é que elas *sempre* ouvem os pais, o que pode ser um problema para muitos deles. Quando você diz a seu filho que suas notas estão baixas demais e que é preciso melhorá-las, ele o escuta. E pode não melhorar suas notas de imediato, sobretudo se você insiste nisso com frequência, mas gravará seus sentimentos no coração. Caso não consiga melhorar as notas por causa de um problema de aprendizagem ou outro motivo fora de seu controle, ele se sentirá mal consigo mesmo. Mas se puder melhorar, ele o fará, mesmo que isso leve tempo. A melhor maneira de acelerar o processo é equilibrar sua exortação com encorajamento. Diga o que você pensa e siga em frente; não bata na mesma tecla negativa; ache maneiras de estimular a melhora.

Se você tem uma filha dotada de beleza física extraordinária, tenha o máximo de cuidado. Se ela entreouvi-lo comentando sobre sua linda silhueta ou, se não for o caso, sobre sua falta de graciosidade ou comparando-a com outra menina, o dano a seu senso de autovalorização pode levar anos para se recuperar. O que você diz importa. Concentre-se nas qualidades de caráter da sua filha, e seu relacionamento com ela irá se aprofundar, o que também serve de lembrete a ela de que caráter é o que realmente importa.

Quando um pai fala, o conteúdo permanece por essa razão: se você diz algo negativo, isso afirma da maneira mais potente as próprias inseguranças da criança; as crianças supõem que você só fala a verdade. Inversamente, se você diz algo positivo, isso pode reforçar as esperanças e a autoconfiança da criança; mas certifique-se de que seu elogio está baseado na verdade, pois crianças são especialistas em detectar mentiras.

Randy, pai de quatro filhos, trabalhava em uma firma grande de consultoria e viajava semanalmente ficando distante da família.

CAPÍTULO 8

Segunda-feira de manhã ele ia de avião para uma cidade grande na qual ficava quatro noites em um hotel, e pegava outro voo para casa na quinta-feira. Sua rotina era extenuante e isso afetava sua família. Randy se empenhava ao máximo com os filhos quando estava em casa e, quando viajava, ficava conectado com eles por telefone e Skype.

Seu filho Tec se ressentia das ausências paternas frequentes, mas as aceitava, pois sabia que ele estava trabalhando arduamente em prol da família. E respeitava a ética profissional do pai, que também se esforçava para levá-lo a torneios de hóquei e a viagens nos fins de semana para praticar esqui.

Tec se destacou no ensino secundário e foi aceito em uma faculdade muito prestigiada. Quando veio para casa na folga de Natal, perguntei como fora seu semestre de outono. "Mais ou menos. Eu realmente gosto do que estou fazendo e fiz alguns bons amigos, mas o resto é chato."

"E qual é o resto?"

"Você sabe: as bebedeiras e sexo fora de controle." Fiquei surpresa com a sinceridade de Tec. Quando meus pacientes entram na adolescência, faço questão de discutir sexualidade e atividade sexual, e explico também os fatos principais — que todo estudo médico afirma que quanto mais eles adiarem a atividade sexual, mais chance terão de evitar doenças sexualmente transmissíveis e até depressão clínica.

"Lamento que isso não seja uma novidade para mim", disse eu, "mas já estou a par." Como pediatra, geralmente vejo meus pacientes ao longo de seu primeiro ano de faculdade. Portanto, sei que hoje em dia a atmosfera geral nas faculdades não é boa para os jovens.

"Vou lhe dizer o que realmente me incomodou", disse ele. "Na palestra de orientação, a escola nos informou que cada estudante, ao menos os rapazes, recebe sete preservativos grátis por semana. Se quiséssemos mais, era preciso pagar. Eu me senti muito aviltado com essa suposição de que somos animais sem o menor autocontrole." Fiquei muito orgulhosa desse rapaz brilhante, ambicioso, nobre e corajoso, que acreditava que sexo era algo maior do que isso e não um jogo inconsequente.

Conforme digo a todos os meus pacientes, ele sabia que preservativos oferecem pouca proteção contra doenças sexualmente transmissíveis como HPV e herpes. No entanto, ele e seus colegas não estavam recebendo advertências sobre isso na faculdade. Esse fato não é incomum. A maioria das faculdades não instrui os estudantes a respeito dos fatos relativos a sexo, só distribui propaganda.

Além de mim, o pai de Tec também tentou alertá-lo — e muito mais efetivamente — contra essa cultura. Randy tinha conversas francas com Tec sobre suas experiências vividas como um homem de negócios que viajava muito. "Como você sabe", disse Tec, "ele viajava o tempo todo e via muitos colegas de trabalho agindo estupidamente — ficando viciados em pornografia, bebendo nos bares de hotel ou tendo casos e destruindo seus casamentos. Eu o respeitava porque ele me dizia a verdade sem rodeios — e vivia de maneira a nos dar bons exemplos. Por isso, me senti ainda mais ofendido com o que aconteceu na escola. Eles *queriam* que eu fosse contra tudo o que meu pai havia me ensinado. Ele ficava longe da tentação, então eu também posso fazer isso. Meu pai me disse para eu esperar até me casar, e ele era fiel à minha mãe. Essa não é a melhor maneira? Por que não ensinam isso?"

Essa é uma boa pergunta, mas Tec foi afortunado de ter um pai corajoso que dava bons exemplos e falava a verdade.

A história de Tec teve final feliz. Esse rapaz forte, que logo se tornou atleta profissional, usava um anel como lembrete pessoal para se guardar até o casamento. E, obviamente, casou-se. Na noite anterior à cerimônia, ele tirou o anel e o atirou com toda a força em um lago; um novo capítulo de sua vida estava prestes a começar e agora ele usaria uma aliança.

Ensinando coragem a seus filhos

Como pais, queremos que nossos filhos consigam se defender sozinhos, rejeitem a pressão nociva dos pares e digam não a pessoas mal-intencionadas. Quando são pequenos, dizemos para eles evitarem falar com estranhos; quando ficam mais velhos, advertimos sobre os perigos de consumir bebidas e drogas. Mas, ao mesmo tempo, com frequência estimulamos nossos filhos e adolescentes a serem como seus amigos, para que se integrem melhor. Não queremos que os filhos tenham a "autoestima" abalada por se sentirem excluídos. Muitos pais se esforçam ao máximo nesse sentido, não só comprando as roupas "certas" para os filhos, mas seguindo seus amigos no *Facebook*, a fim de saber quais são os mais "recomendáveis". (Em geral, mães são mais ligadas a redes sociais e fazem mais essa avaliação do que os pais).

Pais estão em ótima posição para ensinar aos filhos a equilibrarem a vontade de ser aceitos pelos pares, mas sem precisar da aprovação deles para tudo. E, pai, saiba que, à medida que ficam mais velhos, seus filhos não recorrem aos pares em busca de aprovação, e sim a você, que é seu modelo para o que significa ser adulto. Apesar do mito disseminado de que adolescentes são acima de tudo influenciados pela pressão dos pares, todas as melhores pesquisas mostram que isso não é absolutamente verdadeiro. A afirmação, a aceitação e a afeição paternas são muito mais importantes para a autoestima e autovalorização de uma criança do que ser elogiada pelos pares. Os adolescentes mais seguros e autoconfiantes são aqueles que têm um ótimo relacionamento com os pais, sobretudo quando há um pai ativo, comprometido e forte em casa.

Se você quer que seu filho tenha a força de resistir à pressão dos pares, seja forte, ensine seus valores, mostre-lhe o que é coragem — mediante suas próprias atitudes, sejam pequenas ou grandes.

Aqui estão algumas maneiras de instilar espírito de coragem em cada um de seus filhos.

1) Ensine-lhes a origem de seu verdadeiro valor. Crianças precisam saber, principalmente por meio dos pais, que têm um valor intrínseco. Nunca deixe que elas duvidem do quanto importam para você. Deixe bem claro que o valor delas provém de serem seu filho ou filha independente de quaisquer realizações, talentos ou grupos de amigos que tenham. Nunca se canse de dizer isso a seus filhos, sobretudo na fase da adolescência. Adolescentes são quase sempre inseguros e se sentem desconfortáveis com sua aparência e capacidades. Portanto, basta dizer que você os ama e que eles são insubstituíveis para você de maneira simples e verdadeira. E continue dizendo isso. Em geral, crianças que evitam comportamentos arriscados — e sexo na adolescência está no topo da lista sob o ponto de vista médico — têm um ótimo relacionamento com seus pais. E tais pais quase que inevitavelmente lideram com coragem e verdade.

2) **Fale com eles sobre ser corajoso.** Após seus filhos entenderem que suas vidas importam e têm um propósito, você pode desafiá-los a ser corajosos de maneiras apropriadas à idade e que lhe permitam dizer: "Eu sei que isso é difícil, mas você consegue." Ensine-os a aceitar desafios, não a evitá-los; ensine-os a dizer a verdade e a ater-se a ela; ensine-os a assumir responsabilidade por suas ações, inclusive as más, e a aceitar uma punição justa quando apropriado, em vez de tentar escapar das consequências (fazer vista grossa aos erros das crianças sempre estabelece um péssimo

precedente); ensine-os a defender suas crenças de forma altaneira, polida e firme.

Quando seus filhos demonstram coragem — quando seu filho no ensino secundário conversa com o professor de química sobre a prova em que foi mal ou sua filha no ensino secundário diz a um menino para deixá-la em paz quando ele a pressiona para fazer sexo —, elogie-os por fazer a coisa certa e diga o quanto está orgulhoso.

3) Conte sua própria história. Nada dará mais coragem a seus filhos do que histórias de sua própria vida que ilustrem como você triunfou sobre a adversidade, como trabalhou arduamente e poupou dinheiro para estudar ou como sua tenacidade finalmente foi recompensada por uma carreira gratificante. Eles também gostarão de ouvir como você vivia segundo seus valores e evitava as tentações. Ao falar com seus filhos, é essencial ensinar sobre o heroísmo discreto do autocontrole. Caso seja casado, isso pode ser um pouco mais fácil, pois seu filho tem um modelo maravilhoso do que significa fidelidade no casamento e, se for pai solteiro, pode ser um pouco mais difícil, porém não impossível. A chave é sublinhar que virtude é a própria recompensa, que pornografia, embora possa ser ubíqua, é um vício perigoso, e que um homem prova seu brio por seus poderes de autocontrole e mantendo uma vida virtuosa. A tarefa é árdua e, justamente por isso, é o verdadeiro teste para um homem. Caso anteriormente sua vida foi marcada pela promiscuidade, omita isso (porque pode parecer desculpável para os filhos) e não se sinta hipócrita por falar agora sobre virtude. O fato é que hoje em dia a promiscuidade sexual é ainda *mais* perigosa devido à proliferação de doenças sexualmente transmissíveis. Diga a seus filhos que você entende a tentação, mas enfatize a importância de não ceder a ela.

Caso seu passado teve altos e baixos, refira-se a ele apenas vagamente, pois na mente de seus filhos adolescentes há duas pessoas no planeta que não são sexualmente ativas e você é uma delas. Acredite em mim, eles não querem saber detalhes sobre sua sexualidade.

Suas filhas requerem uma abordagem diferente e menos direta. Elas não querem ouvir como você se deparou com tentações, pois não admitem que você seja um ser sexual. Como são do sexo oposto, isso as faz sentirem um estranhamento, sobretudo se você for pai solteiro. Portanto, fale sobre o que você quer para elas e de que maneira podem e devem ter coragem para lidar com rapazes, mas não fale sobre si mesmo. Lembre-se, para elas você é o herói, protetor, guardião e fonte de sabedoria. Elas nunca deveriam vê-lo como um adolescente dominado pelos hormônios.

4) Viva de maneira exemplar. Crianças querem imitar seus heróis, e você é o herói número um. Sua filha precisa ver que você controla seu temperamento quando sua esposa está diante de uma situação tensa. Seu filho precisa ver que você se recusa a contar mentiras. Algo que eles jamais devem ver é você rindo com os amigos por ter enganado alguém no trabalho ou ter sonegado impostos. Para eles, isso não será uma piada, e simplesmente sabotará suas tentativas de dar bons exemplos.

Às vezes, o melhor exemplo é o mais difícil: ater-se a seus princípios quando seus filhos preferem que você flexibilize as regras. Ouço muitos pais lamentarem ter cedido aos desejos de seus adolescentes porque simplesmente não queriam discutir. Não faça isso, pois quase sempre o resultado é nocivo para os filhos.

Muitos anos atrás, eu estava conversando com um pai solteiro, Greg, que tinha três filhas. A mais velha tinha 14 anos e foi para uma escola privada, onde tinha boas notas, praticava

CAPÍTULO 8

três esportes e, acima de tudo, era uma estrela. Mas Greg tinha um problema: os pais das amigas dela.

Nos fins de semana, as meninas faziam festas, cada vez na casa de uma delas. Mas, para consternação de Greg, os pais deixavam que elas, embora fossem todas menores de idade, bebessem desde que entregassem as chaves dos carros.

Greg não queria que a filha fosse às festas, mas ela implorava para ir e dizia que se não fosse seria vista como pária e perdedora. Obviamente, ele não queria que isso acontecesse, então falou com os outros pais, mas estes se justificaram dizendo ser apenas realistas: as meninas iriam beber de qualquer maneira e pelo menos dessa forma iriam estar monitoradas e impedidas de dirigir.

Greg me disse ter ficado "sem escolha", a não ser deixar a filha ir às festas. Ele detestava que ela bebesse, mas se sentia pressionado a deixá-la ir. Em uma das festas, um garoto tentou seduzir a filha de Greg, mas ela o rejeitou. Mais tarde naquela noite, o garoto enlouqueceu, a acuou quando ela estava sozinha e quase a estuprou. Ela ficou apavorada e não quis contar o episódio ao pai.

Greg só soube do caso vários meses depois e ficou fora de si. Ele queria denunciar o garoto, mas isso implicaria revelar os nomes dos pais que haviam dado a festa. Ele ficou péssimo. O pior era o dano mental e emocional que fora infligido à sua filha.

Pais, se vocês lerem este livro, gravem pelo menos uma coisa: defendam seus filhos. Tenham a coragem de fazer a coisa certa custe o que custar. Você os preservará de si mesmos e de pessoas mal-intencionadas. Se Greg houvesse tido a coragem de dizer "não", sua linda filha não teria essas cicatrizes permanentes, que dificultarão ter confiança nos homens, inclusive em seu pai, pois ela inevitavelmente pensará que ele não a amava o suficiente para protegê-la. Quando entram em encrencas, meninas pensam nos pais. E a filha de Greg questiona por que não pôde contar com a proteção paterna. Nunca se esqueçam de que, para as meninas, você são heróis. Qualquer pai pode manter uma vida corajosa. Coragem é uma virtude e, não por coincidência, a palavra latina *virtus* significa "masculinidade, o espírito, ou força de espírito, necessário para ser um homem." Caso queira, coragem pode defini--lo como homem, e ainda melhor, transmitir isso a seus filhos. Certifique-se de que seus filhos e filhas tenham a chance de se tornarem homens e mulheres corajosos. Seja esse homem corajoso e heroico. Talvez eles não demonstrem isso inicialmente, mas o respeitarão por sua coragem e, quando forem adultos, podem até lhe agradecer por isso.

9

O significado da palavra pai

Talvez você sonhasse em ser o homem mais rico ou sábio do mundo, um astro de cinema, um médico que salva vidas, o melhor jogador de futebol ou de basquete do mundo, agente secreto ou até presidente dos Estados Unidos. Mas mesmo que seu sonho de grandeza fosse realizado, nada supera o sonho de ser pai. Na sociedade, um pai tem a função de amar e educar uma criança, dando resposta às suas necessidades mais básicas, para que ocorra o seu saudável desenvolvimento quanto ao aspecto físico, emocional, psicológico e espiritual.

O nome Pai

Quais são as qualidades associadas à paternidade? Vamos começar pela palavra hebraica *Abba*, que significa "pai" e evoca ardor, ternura e acessibilidade. Não temos o costume de pensar no significado real da palavra pai. O importante é que você tenha a plena consciência de que ser pai significa ser uma garantia, para seus filhos, de que estarão seguros, tranquilos, consolados, protegidos, aceitos e acarinhados pela sua proteção.

A pergunta que vale um milhão de dólares para você, meu amigo, é a seguinte: você é acessível, terno e caloroso com seus filhos, de verdade? Sua benevolência lhes dá uma sensação de segurança? No caso de seu pai ter sido gentil e estado com frequência em casa, você provavelmente se sente à vontade com esses termos. Caso contrário, você pode se sentir desconfortável e ficar na defensiva, mas não fique assim. Se teve um mau relacionamento com seu pai, deixe isso de lado e lembre-se de que você pode ser o bom homem e o bom pai que deseja ser e, para isso, basta apenas que cultive a paciência necessária que os pais precisam ter para lidarem com seus filhos.

Bradley era fruto de um lar despedaçado. Ele se lembrava de muitas noites em que a mãe chorava até dormir após seu pai ter ido embora. Obviamente, essa era uma lembrança dolorosa para um menino pequeno. Quando ele tinha 10 anos, sua mãe se casou novamente. O padrasto de Bradley era um homem muito bom, mas o menino relutava em aceitá-lo como substituto do pai, pois o considerava um estranho, não parte efetiva da família, então tinha vontade de afastá-lo.

Aos 15 anos, Bradley se tornou endiabrado. Consumia drogas, andava com a turma errada, dormia com o máximo de meninas possível e, essencialmente, tentava infernizar a vida dos pais. Ele estava triste, com raiva e não iria deixar ninguém magoá-lo, conforme dizia.

Quando suas notas decaíram, a mãe de Bradley foi conversar com seus professores e conselheiros. Ela fazia tudo o que podia para ajudá-lo. Da mesma forma, seu padrasto se esforçava ao máximo para criar um laço com Bradley levando-o a jogos de beisebol e propondo uma pescaria, mas o garoto recusava tudo. As drogas turvavam seu raciocínio e, por fim, os pais lhe deram um ultimato: ou você se endireita ou sai de casa. Sua reação imediata foi partir.

Ele se abrigava alternadamente nas casas de amigos. Ocasionalmente, ia para casa e ficava limpo por algum tempo, depois partia de novo. Aos 17 anos, Bradley tinha um carro e achava que seu rompimento com a família seria permanente. "Quando saí de casa aos 17 anos, eu não estava tão temeroso", disse-me ele. "Eu já tinha sido um sem-teto antes e sabia que podia sobreviver. Talvez eu estivesse enganando a mim mesmo, mas acreditava que alguém em algum lugar me devia algo e assim que eu conseguisse sabe-se lá o quê, tudo ficaria bem."

"Eu ia à escola durante o dia e depois jogava beisebol com alguns amigos em uma quadra abandonada. À noite, ia de carro a um estacionamento do Walmart e ficava em uma vaga nos fundos. Para jantar, eu tinha comida que trazia da escola na mochila, então dormia no meu saco de dormir no banco de trás do carro. Se eu tinha medo? Tinha, afinal eu era um moleque. E ficava com mais medo ainda porque toda noite um carro passava pelo meu e desacelerava. Ele nunca parou, mas eu ficava apavorado, pois tinha certeza de que a pessoa que estava naquele carro queria me fazer mal. Quando encontrei um amigo jogando basquete e vi seu rosto todo roxo por ter sido espancado por um garoto mais velho durante uma transação com drogas, tive um estalo. Eu tinha quase 18 anos, mas fiquei amedrontado. Eu sabia que aquilo poderia ter acontecido comigo e resolvi ir para casa."

Bradley foi dirigindo para casa e encontrou sua mãe no andar de cima. Ao vê-lo, ela irrompeu em lágrimas. Ele pediu permissão para ficar e ela disse sim. Já sentado em seu quarto, ele ouviu sua mãe telefonar para seu padrasto. Uma hora depois, seu padrasto estava em casa conversando com ele.

Ao ver o padrasto, Bradley chorou como um bebê. Ele estava acabrunhado de vergonha, remorso, constrangimento e raiva mal resolvida. Sabia que havia se comportado como um imbecil com um homem fundamentalmente bom. E para quê? Bradley não tinha ideia, sabia apenas que as drogas o levaram a furtos, depois a drogas mais pesadas e, finalmente, a dormir em um estacionamento do Walmart onde ele podia ter apanhado ou acontecido coisa pior, e tudo isso por ter raiva de algo que não conseguia explicar naquele momento. O padrasto ouviu silenciosamente a história do garoto. "Pai", disse Bradley, "eu realmente tive muito medo. Em muitas noites eu não conseguia dormir e via luzes de um carro piscando na capota do meu Subaru. Eu achava que esses caras iam me matar. Depois, quando vi o rosto do meu amigo cheio de equimoses é que caí em mim e admiti que tinha de voltar para casa."

Após o desabafo, seu padrasto disse: "Sua mãe e eu o amamos, Bradley. Eu sei que você não acredita em mim, mas é verdade. Seu pai o deixou há muito tempo, e eu não sou ele, mas sempre o amei como se fosse meu filho. Por isso é que fui tão duro com você. Eu não podia ficar sentado vendo você se matar com drogas. Nenhum bom pai conseguiria ignorar isso. E você precisa saber algo mais, Bradley. Sabe aquelas luzes de carro toda noite? Eram minhas."

O bom pai é caroloso, acessível e protetor. O padrasto de Bradley zelava por ele todas as noites para se certificar de que seu garoto sem-teto estava seguro no estacionamento do Walmart. Esse bom homem deixou o garoto descontrolado e raivoso partir, mas estava sempre zelando por ele e pronto para acolhê-lo novamente.

Responsabilidade demanda respeito

Quando pensamos em paternidade, responsabilidade é a primeira coisa que vem à mente. E você tem responsabilidade! E talvez você não saiba que seus filhos o amam quando você a demonstra. Por quê? Porque é o que os heróis fazem. Eles sempre se prontificam a ajudar, cumprem seu dever e nunca decepcionam as pessoas.

Assumir responsabilidade é algo que com frequência o separa de seus filhos, porque você lida com coisas que estão fora

CAPÍTULO 9

do alcance deles — e eles apreciam isso. Muitos pais não entendem que os filhos queiram que eles sejam os adultos responsáveis. Eles não querem que os pais ajam como crianças engraçadas, pois sabem que crianças são ignorantes. Eles querem um adulto na sala, alguém com sabedoria e experiência que possa protegê-los, para que *eles* possam relaxar e ser crianças. A segurança deles depende de sua responsabilidade.

Ser responsável pode não ser grande coisa para você, mas é para eles. Quando é coerente e faz o que diz que vai fazer, eles aprendem que podem confiar em você. Confiando em você, podem admirá-lo, e quando o admiram, o respeitam. E o respeito dos filhos é crucial para um relacionamento saudável entre vocês.

Filhos imitam o que respeitam. Caso ache o pai fraco, irresponsável e desatento, o filho irá se distanciar porque não confia nele. Mas o filho que pode confiar no pai se aproxima mais, pois sabe que ele é digno de confiança, e isso leva ao respeito, e do respeito vem a imitação.

Meu marido é teimoso, resoluto, às vezes impaciente e também profundamente religioso. O pai dele era igual. Mas quando nos casamos também notei algumas diferenças claras.

Meu sogro era médico em uma cidade pequena e trabalhava demais, e sempre tinha duas coisas em seu carro: a maleta de médico e um baú repleto de Bíblias. Ele fazia atendimentos domiciliares; tratava de viúvas, crianças e detentos; e consolava os moribundos. Ele nasceu para amar através da prática de medicina.

Na infância, meu marido admirava seu pai por ser tão trabalhador, mas o via menos do que gostaria e ambos não faziam muita coisa juntos, pois meu marido adora atividades ao ar livre, ao contrário do pai.

Quando a fibrose pulmonar do meu sogro repentinamente piorou e ele estava em seu leito de morte, meu marido ficou ao seu lado, dormindo em uma cama de vento. Seu pai tinha apenas 70 anos e fora a principal fonte de conselhos profissionais em sua carreira de médico. Então, ele partiu.

Após a morte do pai, lentamente meu marido foi se tornando mais parecido com ele. Passava menos tempo nas matas e mais tempo trabalhando. Fazia atendimentos domiciliares, ajudava homens que estavam na prisão e servia sopa para os pobres em uma cozinha local. Muitos anos atrás, uma caixa grande foi posta na porta de nossa casa. Quando a abri, vi uma pilha enorme de Bíblias em brochura com o nome de seu pai timbrado na parte interna da capa: se alguém viesse a precisar de uma Bíblia (na tradução favorita de seu pai), ele sempre tinha uma para oferecer.

Vejo isso acontecer também com outros homens. Após seus pais morrerem, muitos filhos se tornam mais parecidos com eles. Por quê? Acho que é porque o respeito e a admiração que um filho sente pelo pai se intensifica após a morte dele, após o filho ser forçado a se reconciliar com a mortalidade e a reconhecer toda a força do exemplo paterno. O pai continua a viver através de seu filho.

E isso é importante em diversos aspectos porque, para se tornarem adultos saudáveis, os filhos precisam respeitar o pai. Respeito não é algo imposto, é conquistado. É preciso mostrar aos filhos, por meio de suas ações e de sua responsabilidade, que você é um herói.

Alguns pais são fabulosos, mas permitem que os filhos falem com eles como se fossem colegas de classe. Ouço crianças pequenas berrarem com os pais, xingarem ou lançarem olhares maliciosos. Não permita que seus filhos o tratem dessa maneira. Isso é errado — para você e para eles. Vejo homens brilhantes se desculparem por deixarem os filhos com raiva; e desculpam os filhos por gritarem com eles. Vejo homens bons que deixam seus filhos adolescentes os chamarem de "burro" ou de "imbecil".

Impor um temor saudável a uma criança é esquisito para a maioria dos pais modernos, mas um temor *saudável* é algo bom, pois nada mais é que um sinal de reverência e respeito, de não querer agir errado diante de um juiz que realmente importa. Aliás, sem esse senso saudável de temor, a criança pode se tornar desrespeitosa, o que denota que não sente adoração pelo pai nem confia nele, pois presume que ele é fraco.

Nunca deixe seus filhos o aviltarem com palavras ou comportamento. Tolerar isso não é ser compreensivo, compassivo ou "uma forma de se conectar" com eles. De fato, quanto mais for fraco com eles, menos você cumprirá as expectativas inatas deles de como um pai deveria ser.

Todo bom pai deveria extrair um senso de reverência dos filhos, conforme fazem os heróis. É isso que você precisa fazer para que seus filhos cresçam polidos e respeitosos, para que aprendam o que é comportamento aceitável ou inaceitável. Você é o mestre moral deles e, como tal, não é conivente nem passivamente indulgente com comportamentos rudes, insultantes, vulgares e errados, que só podem ajudar a moldar adultos rudes, autocentrados e irresponsáveis. Instrua bem seus filhos, pois eles são os cidadãos do amanhã, para o bem ou para o mal. Como pais, a próxima geração está sob no**ssos cuidados e** temos a responsabilidade de guiá-los pelo caminho certo.

Poder restrito

Poder e responsabilidade estão sempre ligados. Homens naturalmente têm poder físico, mas também o poder cognitivo resultante de serem voltados a soluções.

Em um homem, a responsabilidade inerente ao poder implica autocontrole. Um homem precisa controlar seu temperamento, pulsões sexuais, pensamentos e ações. Antigamente, nossa cultura facilitava isso, pois pressupunha que os homens estivessem atentos à sua linguagem, se vestissem e se comportassem com decoro, acatassem os padrões da moralidade e cumprissem seus deveres masculinos. Hoje em dia, tudo isso mudou, mas resta a verdade de que todo homem tem o poder do autocontrole, que está ali como uma consciência, e só precisa ser exercitado.

A melhor definição de poder restrito e de sua importância provavelmente veio de um militar, o general Robert E. Lee. Ele era conhecido pela bravura e ousadia, mas também como um homem sábio e bondoso. Escreveu o seguinte:

"O uso controlado do poder não só forma uma pedra de toque, mas a maneira com que um indivíduo desfruta de certas vantagens sobre outros, e esse é um teste para detectar um verdadeiro cavalheiro.

O poder que o forte tem sobre o fraco, o patrão sobre o empregado, o educado sobre o analfabeto, o experiente sobre o confiante, até o sagaz sobre o tolo — o uso controlado ou inofensivo de todo esse poder ou autoridade, ou uma abstinência total dele quando for o caso, mostrará o cavalheiro em plena luz.

O cavalheiro não lembra inútil e desnecessariamente a um ofensor de um mal que possa ter cometido contra ele. Além de perdoar, ele consegue esquecer. E luta para que aquela nobreza do eu e brandura de caráter lhe confiram força suficiente para deixar o passado para trás. Um homem verdadeiramente honrado se sente humilhado quando não consegue ajudar outros humildes."

Se você quer saber como ser um bom pai, liderar pelo exemplo, mostrar a seus filhos e filhas o que é o poder da decisão (o uso restrito do poder), disciplinar com uma palavra breve em vez de gritar, grave as palavras do general Lee.

No entanto, podemos também ter um olhar mais restrito para o uso do poder. Queremos ser amados, porém não podemos impor ou forçar que isso aconteça. Devemos amar nossos filhos de uma forma abnegada e fazer concessões por aqueles que amamos, sem, no entanto, exigir que exista a obrigação dos filhos para que façam o mesmo. Esse respeito deve ser espontâneo e não obrigatório.

Uma das grandes recompensas para os pais é que quanto mais os filhos os veem como homens de coragem, humildade, paciência, autocontrole e cordialidade, mais irão querer adotar essas qualidades para si mesmos.

Seus filhos começam a vida tendo você como herói. Você pode manter essa boa reputação mais facilmente do que imagina. Isso começa com ser responsável e tão bom quanto suas palavras. Caso prometa a seu filho que irão jogar bola na quinta-feira após o trabalho, cumpra.

É importante também ser caloroso, amável e acessível, mesmo que não se sinta dessa maneira. Você pode facilitar as conversas com seus filhos simplesmente abaixando seu tom de voz (assim parecendo menos intimidante), fazendo contato visual e escutando com atenção o que eles dizem. Abra mão de provocações e sarcasmo, que só criam distanciamento, e trate os pensamentos e sentimentos deles com respeito. Os filhos querem confiar em você, então seja digno de sua confiança, e estabeleça regras apropriadas para cada faixa etária, incluindo toques de recolher e códigos de vestuário, que sublinham o quanto você se importa com eles e zela por sua segurança. Por fim, demonstre o autocontrole de um herói, pois eles notam tudo. Eles enxergam suas fraquezas, tentações e tropeços, mas também notam quando você se desvia da tentação, quando abafa a raiva, quando evita aquela bebida que o deixa vacilante ou imprevisível (e que os atemoriza e constrange), quando se recusa a assistir a um filme ou programa que pode ser moralmente duvidoso. As coisas que você não faz ou diz — seu autocontrole — podem ser ainda mais poderosas do que aquelas que você faz. A maioria de nós tem fé nos filhos, acredita neles. A fé do pai pode motivar uma criança para sempre, conforme a experiência de Brett Favre, ex-*quarterback* do Green Bay.

Em seu discurso ao entrar no Hall da Fama da NFL, Favre falou com profunda emoção sobre seu pai falecido que o havia treinado no ensino secundário. Segundo Favre, ele era um homem "econômico nos elogios e pródigo na oferta de conselhos sobre aperfeiçoamento." Com frequência, seu pai ficava após o treino de futebol para apagar as luzes e trancar a escola, então os dois iam para casa no caminhão dele.

Após o último jogo de Favre no ensino secundário, ele entreouviu o pai dizer a outros três treinadores: "Posso lhes assegurar uma coisa sobre meu filho. Ele jogará melhor e se redimirá. Eu o conheço e é assim que ele é."

Essa manifestação de fé significou tudo para Favre e o transformou. A partir daquele momento, ele fez tudo que podia como jogador de futebol para deixar seu pai orgulhoso. Em seu discurso, Favre olhou para o céu e disse: "Pai, quero que você saiba que passei o resto da minha carreira tentando me redimir." Após uma pausa, continuou: "Passei o resto da minha carreira tentando me redimir e deixá-lo orgulhoso, e espero ter conseguido." Então, o grande jogador de futebol liberou as lágrimas que o estavam sufocando.

Nada substitui o amor de um pai. "Pai" é uma palavra de suma importância, sentido e esperança profundos. É assim que você assume esse papel na imaginação de seus filhos: alguém que sempre zelará por eles, do mesmo modo que o pai de Brett Favre sempre zelou por ele. Seja digno de seus filhos. Seja o pai que eles precisam e merecem ter.

10

O triunvirato vencedor do herói: perseverança, perdão e compromisso

No terceiro capítulo falamos de Dick Hoyt, que correu com seu filho Rick, deficiente físico, em 247 triatlos (seis deles eram Ironmen), 72 maratonas (incluindo as de Boston e a do Corpo dos Fuzileiros Navais), e um combinado de ciclismo e corrida pelos Estados Unidos cobrindo 6 mil quilômetros em 45 dias consecutivos.

Mas isso é apenas parte da história. Os pais de Rick ouviram de médicos e gestores escolares que seu filho nunca conseguiria aprender, se comunicar ou ter a menor ideia do que acontecia a seu redor. Rick e seus pais provaram que essas pessoas estavam erradas. Ele se formou na Universidade de Boston e, embora preso a uma cadeira de rodas, morou lá de forma independente enquanto estudava.

Dick Hoyt nunca deixou médicos ou professores o dissuadirem do que ele sabia ser a verdade sobre seu filho. E me disse: "Eu olhava nos olhos de Rick e sabia que ele entendia tudo o que as pessoas ao seu redor estavam dizendo."

Como escolas não aceitavam Rick, seus pais lhe ensinaram as letras e os números, liam constantemente para ele, e solicitaram que a Universidade Tufts desenvolvesse um computador que permitisse a ele formar palavras. "Jamais vou esquecer as primeiras palavras dele para nós", comentou Dick. "Estávamos assistindo a um jogo do Boston Bruins e Rick escreveu 'Força, Bruins' na tela. Nós quase choramos."

Perguntei então a Dick: "Alguma vez você ou Rick ficou tão exausto em uma corrida que pensou em desistir?"

Sua resposta foi imediata. "Nunca, nem uma vez." As recompensas, segundo ele, eram altas demais: "Nenhum homem pode ser mais próximo de outra pessoa do que eu sou de Rick".

A vida de Dick Hoyt como pai pode ser resumida em duas palavras: amor e tenacidade. O amor pelo filho ressaltou a tenacidade de Dick, e isso mudou a vida de ambos para melhor. A questão não se resumia apenas a correr maratonas, e sim a se recusar a desistir do filho quando médicos e escolas afirmaram que seu caso era sem esperança; quando, a princípio, organizadores de corridas vetaram sua participação. Dick nunca aceitou um "não" como resposta. Ele lutou por seu filho, e luta por ele em cada corrida que encara. Perseverança, uma característica que observo em todos os pais fortes, é um dos melhores traços que um homem pode ter; é o que o faz vencer; o que lhe permite concluir a corrida; e a razão de sua família poder confiar em você em qualquer situação.

Todo pai pode ser tão próximo de seu filho quanto Dick é de Rick, porque todo pai é capaz desse mesmo amor e tenacidade. O próprio Dick me disse isso: "É fácil. Basta levar seu filho ao cinema ou bater bola com ele." Ele está absolutamente certo. Ficar mais próximo de seus filhos é fácil. Basta se manter compromissado.

Todos os heróis perseveram, seja qual for o desafio

Pense por um momento no homem ou mulher que você descreveria como seu herói. Provavelmente, é alguém que nunca desistiu; que fez o trabalho duro que outros negligenciaram;

que teve a determinação de ir em frente, fossem quais fossem os obstáculos.

Todo homem tem essas qualidades — para mim, resumidas na palavra perseverança, mas poucos homens percebem de fato seu pleno potencial. Vejo, e provavelmente você também, que um número excessivo de homens simplesmente se esgueiram pela vida esperando que outros assumam a liderança ou que acham que para ter êxito não é necessário se esforçar.

Esse problema está piorando, porque, lamentavelmente, muitos homens não sentem necessidade de se comprometerem com a esposa ou os filhos, ou de liderar suas famílias. Em vez disso, eles esperam que uma namorada diga quando é hora de se casar, ou deixam a esposa decidir quando é ou não a hora de ter filhos, ou a deixam comandar a família. E, embora não haja absolutamente nada de errado em cooperar com a esposa na tomada de decisões importantes, alguns homens simplesmente se fazem de mortos: eles presumem que a mãe é o centro da família e que o papel do pai se limita a prover o sustento material e a ficar de fora.

Mas esse não é o caminho certo para você nem para homem algum. Esse não é o trajeto de um herói. Esse não é o tipo de marido que a maioria das mulheres quer ou do qual todas as crianças precisam. Eles querem um herói que possa avaliar uma situação, ver o que é preciso ser feito e agir de forma acertada. Toda criança deseja ter um pai tão dedicado quanto Dick Hoyt. Toda criança quer um pai que persevere — que esteja disposto a brincar e a ouvir, em vez de apenas se sentar no sofá e ver TV ou ir para a cama. Todas as crianças querem um pai que suporte os fardos da vida adulta e as poupe disso. Elas querem sua proteção, liderança, amor e compromisso inquebrantáveis.

Seus filhos notam se você cede ao cansaço, se mergulha em um humor sombrio, se é negligente no trabalho ou em casa. Eles querem um pai com a autodisciplina e dedicação para levar qualquer coisa adiante. Eles querem que você seja um herói. No fundo, é isso que você também quer ser — o herói que coloca os outros em primeiro lugar, pois fazer a coisa certa é a maior recompensa.

John Denney é *long snapper* no Miami Dolphins. Como jogador veterano da NFL há doze anos, ele sabe a importância de ser equilibrado e estável em um mundo maluco. John é bem-sucedido como marido, pai e jogador profissional de futebol, mas também humilde, gentil e maravilhoso para conversar; um homem cuja prioridade não é ele mesmo, seu ego ou sua carreira, e sim sua família. Como logo enfatizou para mim, seus pais têm o crédito por suas virtudes, pois o criaram com os conceitos de ser sempre respeitoso, amar a vida e colocar as necessidades dos outros antes das próprias necessidades.

Seus pais eram trabalhadores, religiosos (ele recorda que a família ia à igreja aos domingos e também nas noites de quarta-feira), e dedicados aos filhos. Diferentemente de muitos dos jogadores com quem tenho conversado, sua família era muito unida; ele tinha um lar feliz, não foi um adolescente rebelde e gostava de passar tempo com os pais e os amigos deles.

Ele parecia imune às tentações que transtornam a cabeça de muitos jogadores de futebol. Perguntei a ele como isso aconteceu.

"Honestamente", disse-me John, "só depois de me formar na faculdade e vir para os vestiários da NFL é que percebi que as pessoas falavam grosseiramente."

"No ensino secundário e na faculdade você não via jovens se comportando mal?"

"Não, por mais que seja difícil acreditar. Meus pais eram extremamente respeitosos conosco e entre si, e seus amigos também eram assim. Quando fui para a faculdade em Brigham Young, a mesma coisa. Todos esperavam que nós agíssemos respeitosamente e era isso que fazíamos."

"Você sente agora que seus pais o criaram em uma bolha?"

"Sim, mas isso foi ótimo. Eu sabia o que os meus pais esperavam de mim e de si mesmos, e eles também nunca esperavam que os filhos fizessem ou fossem qualquer coisa diferente *deles*. Meu pai estabeleceu o padrão para todos nós e o seguimos. Ele era incrivelmente trabalhador e coerente no que fazia."

Uma dessas palavras me chamou a atenção. Seu pai era *coerente* — mantinha padrões altos para os filhos e si mesmo, ano após ano. É assim que um ótimo pai molda e conduz um ótimo filho.

Seu pai sempre o treinava para optar pela via árdua — ou seja, trabalhar duro, agir com disciplina e autocontrole, e permanecer fiel ao que é correto e verdadeiro.

Criar um homem de caráter excelente como John Denney é difícil e requer um empenho heroico. Significa ir contra o cerne da cultura ao redor. Mas o pai de John foi sagaz ao cercar a si mesmo e sua família com amigos de mentalidade afim e o apoio de sua igreja; ele punha a religião em primeiro lugar, a família, em segundo, e o trabalho (embora fosse muito trabalhador), em terceiro.

O pai de John tinha a virtude essencial: coragem. Tinha coragem de viver segundo seus princípios, ignorando a cultura vigente. Ele era um líder, não um seguidor.

Perguntei o que John queria para seus filhos. Ele disse: "Espero que eles cresçam levando em conta as outras pessoas. Não quero que sejam autofocados, e sim que considerem as necessidades alheias. Quero também que sejam independentes e autoconfiantes. Que trabalhem duro, conforme meu pai me ensinou. Ele trabalhava duro e fazia tudo do seu jeito, e quero que meus filhos aprendam a mesma coisa, para que não dependam dos outros para fazer o que podem fazer por si mesmos." Como profissional da NFL, John poderia facilitar muito a vida de seus filhos, porém não os mimou, pois valoriza as dádivas que recebeu do pai: uma ética sólida de trabalho e a preocupação com o bem-estar dos outros. Seu pai deveria estar muito orgulhoso.

Perseverança e perdão são interligados

Sejamos francos: ninguém admira um homem sem pulso firme, incluindo sua esposa e filhos. Quando surgem barricadas na vida familiar, eles esperam que você as elimine. Isso significa tomar a iniciativa, até para uma simples reconciliação após uma discussão. Seus filhos, inclusive os adolescentes, não têm capacidade cognitiva para argumentar de igual para igual com você, mas ficam desesperados por seu perdão após uma altercação. E, embora você possa preferir que sua esposa inicie a reconciliação, ela e seus filhos sempre esperam que você dê o primeiro passo — não necessariamente como uma confissão de que estava errado, mas porque instintivamente dependem de você como líder, como o herói cujas palavras e atitudes podem curar.

Pode ser difícil dizer "sinto muito", sobretudo se seu pai nunca disse isso para você, mas poucas palavras em seu vocabulário (além de "eu amo você") terão mais poder na vida de seu filho. Tais palavras são poderosas, pois representam uma declaração de responsabilidade e um testemunho de amor. E um herói não teme utilizá-las.

É inevitável que *todo pai magoe o filho* de alguma maneira. Talvez você tenha gritado quando não deveria. Talvez tenha feito um comentário sarcástico do qual agora se arrepende.

CAPÍTULO 10

Talvez tenha esquecido de ir a um jogo de futebol. Talvez tenha se atrasado para a festa de aniversário do seu filho ou nem compareceu. Talvez tenha sofrido com o divórcio e mudado para outro estado. Ou talvez tenha abandonado sua filha por achar que a mãe dela iria se virar melhor sem você. Independentemente do que você fez ou do grau de sofrimento que causou a seu filho ou filha, não tenha medo de lidar com seus erros. O passo inicial e primordial da reconciliação é admitir o que você fez e o quanto isso gerou mágoas. Essa é a única maneira de se libertar de uma vida marcada pela culpa e o distanciamento em relação a seus filhos.

A culpa pode oprimir bons homens. Quando se recusa a admitir ou a assumir seus erros, um pai fica sozinho em um mundo obscuro de vergonha e dor. Caso tenha abandonado seu filho, lide com isso agora pelo bem de vocês dois. Você precisa confrontar seus piores erros. Comece perdoando a si mesmo, pois não pode desfazer o passado, mas pode se retratar perante aqueles que magoou e compensá-los da melhor maneira possível.

Se você se arrependeu de verdade, peça perdão. Afirmo que funciona. Isso diminui sua ansiedade, traz paz e melhora seu relacionamento com os filhos. Já vi isso acontecer muitas vezes.

Ao se retratar perante seu filho pequeno ou adolescente, faça isso cara a cara, com contato visual e sem distração. É comum crianças não reagirem imediatamente. Caso seu filho finja não ouvi-lo ou até perde a cabeça com você, isso é normal. Perdoar o pai ou a mãe leva tempo, então dê tempo a seu filho. O *ponto principal* é seu filho saber que você se importa com ele; que seu amor paterno é constante, não importa os erros que tenha cometido no passado ou aqueles que quase que certamente cometerá no futuro, pois você é humano.

Deixe-me explicar brevemente o que se passa na mente de seu filho. Crianças com mágoa acumulada agem mal. Caso tenham seus sentimentos feridos, elas choram, falam coisas duras ou batem no pai ou em outra pessoa. Adolescentes que se sentem sozinhos, tristes ou ansiosos frequentemente se comportam de maneira detestável em casa. No caso de sua filha de 13 anos bater portas e se recusar a abraçá-lo não é porque odeia *você*; é muito mais provável que odeie a si mesma e precise que você persevere em seu amor por ela. Como crianças e adolescentes têm dificuldade para expressar seus sentimentos, tais sentimentos podem ser manifestados de maneira desajeitada — como a recusa de fazer a lição de casa ou a expressão emburrada. Vou repetir: *nunca leve os comportamentos dos filhos para o lado pessoal*. Tenha 2, 12 ou 25 anos, seu filho deve estar magoado ou confuso, ou simplesmente é imaturo e não sabe como se expressar. E a culpa provavelmente não é sua, pai, mas você pode ajudá-lo.

A atitude mais heroica que você pode tomar é encarar calmamente seu filho ou filha e pedir desculpas por qualquer mal que tenha causado e, se possível, seja específico. Mas se o sofrimento interno do filho é um mistério para você, peça desculpas de maneira abrangente. Mesmo que haja grandes chances de você não ser o responsável pelos sentimentos feridos dele (ou pelo menos não por todos eles), seu pedido de desculpas o fará retomar a confiança e se restabelecer a um grau maior do que se pode imaginar.

Eu sei que não é uma tarefa fácil pedir perdão a uma criança. Muitos pais não veem a necessidade disso ou não acham que fizeram algo errado, ou acreditam que se feriram os sentimentos dos filhos foi porque eles mereciam devido a seu mau comportamento. Além disso, pais certamente não querem deixar os filhos em uma posição mais vantajosa do que a deles em qualquer disputa familiar.

Todo homem deve fazer o esforço heroico de se dispor a pedir desculpas por todos os motivos corretos, pois a reconciliação dentro da família é mais importante do que vencer em uma discussão ou se isolar alegando inocência, ou para resguardar o orgulho. No caso da reconciliação ser sua prioridade e se tiver coragem de pedir desculpas, você se sentirá mais forte, não mais fraco, por ter dominado seu ego. E seus filhos irão admirá-lo ainda mais por saber que você se importa e porque *eles* sabem o quanto é difícil pedir desculpas.

Meu pai era um homem de coragem que teve de suportar muita coisa. Aos sessenta e poucos anos, passou a ter um quadro de demência. Era desolador observar isso, mas o caráter forte dele também se revelou de várias maneiras. A demência ceifou sua raiva e temperamento difícil, mas no início da doença, ao perceber o que estava acontecendo, chorava com frequência, às vezes dias a fio. Então, a confusão se instalou. Ele perambulava pela casa quase como uma criança e, às vezes, perguntava onde ficava seu quarto.

Algum tempo depois, começou a rir novamente de piadas simples, o que tornou a doença um pouco mais tolerável para todos nós. Ele não era mais o mesmo, mas eu via lampejos de felicidade em seus olhos. Nós podíamos andar, conversar e rir juntos.

Certo dia, fizemos uma caminhada que jamais vou esquecer. Ele avançava arrastando os pés e segurando a barra de apoio na parede no saguão da clínica de repouso, e eu enlaçava o braço dele. Estávamos falando sobre algo bobo e irrelevante quando ele parou de repente. Tive um sobressalto e perguntei: "Pai, o que há de errado?"

Ele me encarou e disse: "Agora estou realmente aqui". Fiquei atônita. Então, ele falou algumas cois*as extra*ordinárias.

"Meg", começou ele, "estou perdoado?". Suas palavras me surpreenderam e vi lágrimas deslizando em seu rosto. Eu não achava que ele precisasse ser perdoado por alguma coisa, mas disse: "Claro, pai, você está perdoado". Ele não ficou satisfeito.

"Não. O que eu quero saber é se você me perdoa."

"Sim, pai, eu o perdoo. Eu realmente o perdoo", disse eu quase engasgando com as lágrimas.

"Mas e sua mãe? Ela também me perdoa?"

"Claro, pai. Tenho certeza de que ela também o perdoa."

Ficamos um bom tempo no saguão com ele se apoiando na barra e em mim, e ainda chorando. E, embora eu não pudesse ler seus pensamentos, era evidente que ele estava processando mentalmente algo de extrema importância, sobre o qual eu tinha pouca informação. Finalmente, ele me olhou de novo e disse: "E Deus? Ele também me perdoa?"

Meu pai não falava em Deus com frequência, mas tinha uma fé católica profunda. Como eu não podia falar por Deus, apenas perguntei: "Pai, você pediu a Deus para perdoá-lo?"

Ele assentiu com a cabeça calva: "Sim, pedi." E ficou silencioso. Suas lágrimas secaram e nós começamos a caminhar novamente. Em 10 minutos, voltamos a falar sobre coisas fúteis como a cor do tapete e se ele havia pagado o jantar na noite anterior. Mas naqueles momentos em que pediu perdão, captei profundamente o espírito do meu pai e aprendi o quanto o perdão é importante para os homens, para pais e até para heróis, já que meu pai sempre fora um herói para mim.

Não importa quem você seja ou como seja sua vida, é preciso saber perdoar. Isso é crucial para a felicidade e para todos os seus relacionamentos, sobretudo com seus filhos. Aprenda a arte do perdão e utilize-a. Peça perdão aos outros e o conceda a si mesmo. Meu pai me pedir perdão, por suas supostas falhas como pai, marido e homem, me fez amá-lo ainda mais do que antes. Aquele momento foi uma dádiva enorme e preciosa para nós dois.

Perdão e compromisso

Caso eu pudesse apontar algo que, com frequência, impede pais de terem um bom relacionamento com os filhos seria o medo: o medo de ser rejeitado; de não ser digno; de conflito; no fundo, o medo de pedir perdão ou de perdoar. Mas heróis nunca cedem ao medo, e nem você deveria ceder.

Lembrem-se disso, homens bons: toda filha quer que o pai fique mais próximo dela, e isso se manifesta de várias maneiras. Ela precisa de mais tempo com você ou quer perdoá-lo, ou ser perdoada por você, e se curar. Você só precisa ajudá-la e ser o herói com a grande mão benevolente que assume a dianteira para fazer o que é correto.

E filhos não são diferentes. De fato, a desavença com o pai pode ser a dor mais profunda sentida por um filho. Meninos precisam dos pais. E, assim como as filhas, os filhos necessitam de um relacionamento melhor com os pais. E, se não têm um bom relacionamento, ansiarão por isso até morrer.

E aqui voltamos a nos dirigir a você, pai, de quem se espera compromisso. Seu filho quer que você chegue mais perto, seja o primeiro a falar, a fazer perguntas ou a mudar. Você é o durão, o forte, aquele que lidera por meio do exemplo. Independentemente de sua fase na vida, você deve se comprometer primeiro.

E, mais uma vez, embora possa parecer desanimador, isso não é realmente tão difícil, e as recompensas por se conectar ou reconectar com os filhos são formidáveis. Bons pais têm facilidade para isso. Ligar-se às crianças pode ser simples, divertido e sem rodeios. Um exemplo básico é cumprir pequenas missões juntos nas manhãs de sábado. Você não precisa ser um primor de criatividade, basta estar ali. Não sabe sobre o que conversar com sua filha? Não se preocupe, pergunte sobre os amigos dela, a escola ou com que cores ela pintaria as paredes do quarto se cada uma devesse ter uma cor diferente. Qualquer coisa funciona.

Com frequência, meninos falam menos, o que até pode facilitar a situação para você. Não é preciso conversar — apenas *fazer* coisas juntos (como pescar), ir a lugares juntos (como a uma partida de hóquei), trabalhar juntos (por exemplo, fazendo uma mesa nova para a sala de jantar) ou partilhar um passatempo (como aeromodelismo). Deixe o celular e outros dispositivos eletrônicos de lado *e interaja*.

Muitos pais não interagem com os filhos porque acham que não são bem-vindos. *Não acredite nisso*! É verdade que crianças não querem ser alvo de gritos, humilhadas nem criticadas, e alguns pais bem que deveriam controlar seu temperamento, mas toda criança quer ter momentos leves e divertidos com o pai ou apenas partilhar momentos felizes, tranquilos e silenciosos.

Quando Virginia tinha 3 anos, seus pais se divorciaram. Ela morava com a mãe em Long Island durante a semana e, a cada duas semanas, ela e as irmãs passavam o fim de semana com o pai, que não morava longe. Ela adorava esses fins de semana, e lembra-se especialmente de brincar ao ar livre com o pai.

A mãe de Virginia se casou de novo e a vida mudou drasticamente. Seu padrasto não tinha filhos e rapidamente se mostrou um disciplinador rígido e áspero do tipo errado — aquele que visa afirmar sua autoridade e ego, e colocar as crianças para baixo, em vez de ajudá-las. A atmosfera ficou tão infeliz que uma das irmãs mais velhas de Virginia acabou indo morar com o pai durante seus anos de faculdade.

"Morar com meu padrasto arruinou minha autoestima", disse-me Virginia. "Nada do que eu fazia era certo e, quando eu tentava, isso não fazia a menor diferença. Ele me criticava implacavelmente."

Perguntei a Virginia como sua mãe reagia quando o padrasto era mesquinho com ela e suas irmãs. "Ela tentava nos defender, mas também queria apoiar meu padrasto. Ou ela entrava em desacordo conosco ou com ele, e queria manter seu casamento intacto."

CAPÍTULO 10

As meninas continuavam visitando o pai em fins de semana alternados, e isso era um alívio bem-vindo da tensão doméstica. "Mas tudo mudou quando eu tinha 11 anos", relatou Virginia. "Nessa época, meu pai decidiu viajar para visitar seus pais na Virgínia Ocidental e queria levar todas as filhas. Uma de minhas irmãs mais velhas não podia ir e a outra não queria ir. Eu queria, mas temia desapontar minha mãe, então disse a meu pai que não iria. Ele ficou extremamente transtornado e viajou sem mim".

Eu tive de insistir para saber o resto da história. "Ele telefonou para você *durante* a viagem? Ele falou com você *após* a viagem?".

"Não e não."

"Quer dizer que parou de ver seu pai porque não viajou com ele quando você tinha 11 anos?"

"Isso mesmo."

Essa história não fazia sentido, mas ela me disse que nos treze anos seguintes nunca viu ou falou com o pai, um homem que sempre lhe dera apoio e fora carinhoso. E ela precisava tanto dele. A vida em casa com seu padrasto às vezes era quase insuportável e Virginia perdeu mais que seu pai e a afeição dele quando ambos pararam de se comunicar. Ela perdeu a esperança de reconquistar a autoconfiança.

Por treze anos, Virginia não teve qualquer contato com ele: nada de cartas, telefonemas nem cartões de aniversário. Muitos anos depois, descobriu que o pai enviara um livro pelo seu aniversário de 13 anos, mas devido à influência negativa de seu padrasto, tudo o que o pai mandava era devolvido.

Então, algo extraordinário aconteceu. Virginia recebeu uma mensagem do pai pelo *Facebook*. "Eu não sabia o que pensar", disse ela. "Eu tinha 24 anos, vivia em outro estado e tinha uma vida totalmente nova". Fiquei empolgada, triste e nervosa, mas sobretudo feliz por ele ter ido atrás de mim.

"Respondi à mensagem dele no *Facebook* e voltamos a nos comunicar. Mas, dois dias depois, eu estava caminhando com amigos e de repente tive um ataque. Fui ao médico e ele descobriu que eu tinha um tumor no cérebro. Como o problema era grave, ficou decidido que eu passaria por uma cirurgia aproximadamente dali a um mês. Assim que soube que eu estava doente, meu pai pegou um avião e veio me ver. Ele esteve comigo um pouco antes, durante e após a cirurgia", disse ela.

"Minha mãe também veio e ficamos todos juntos. Foi estranho e, ao mesmo tempo, maravilhoso. Lembro-me de estar no carro junto com minhas duas irmãs, minha mãe e meu pai, e fiquei triste pensando que tudo poderia ter sido assim."

Virginia se recuperou do tumor no cérebro e manteve contato estreito com o pai. "Continuamos próximos", disse-me ela.

Fiz a ela a pergunta que vale um milhão de dólares: "Então, por que seu pai sumiu por treze anos? Você perguntou isso a ele?".

"Não, não perguntei diretamente, mas acho que sei o que aconteceu. Quando eu tinha 11 anos e disse que não queria viajar com ele, se sentiu rejeitado. Acreditou que eu não o queria, e nesse caso ele podia muito bem cair fora. Que lástima não ter entendido o quanto eu precisava dele. Minha autoestima teria melhorado muito. Eu precisava que ele me ajudasse com a vida, pois toda filha precisa do pai. É difícil apontar especificamente o que eu queria e do que precisava, mas o fato é que tenho certeza de que precisava dele."

Após a cirurgia, Virginia e o pai passaram mais tempo juntos, e ele disse o quanto lamentava não tê-la apoiado na adolescência e também pelo mal-entendido. Eles curaram o relacionamento. Quando Virginia se casou, seu pai a conduziu ao altar.

CAPÍTULO 10

"Queria que você soubesse", disse-me ela, "o quanto me fez bem tê-lo de volta, ouvi-lo dizer que lamentava o que passou, e nos reconectarmos. Posso dizer honestamente que agora sou uma pessoa mais forte por ter meu pai de volta."

Treze anos de desavença, de vazio, isolamento e perda, tudo por causa de um mal-entendido. Mesmo assim, quando o pai de Virginia retomou o contato, *embora a filha já fosse adulta*, sua vida mudou completamente para melhor. O fato de ele se arrepender compensou anos de sofrimento para Virginia e a ajudou a recuperar a autoestima. Hoje, ela fala de sua reconciliação com o pai e de quando isso aconteceu como um milagre.

Segundo minha experiência, muitos pais são como o pai de Virginia. Apesar de toda sua força, homens são vulneráveis à rejeição. Você abraça sua filha de 12 anos e ela o repele, então você abre mão do relacionamento. Você convida seu filho de 8 anos para ir a uma partida de hóquei e ele diz que prefere ficar em casa com a mãe, então você desiste da ideia de ir a eventos esportivos com ele. Você convida sua filha de 15 anos para ir ao cinema e ela o olha como se você fosse a pessoa mais desagradável do mundo, então você decide que nessa idade ela não precisa mais de você.

As crianças fazem muitas coisas que partem o coração de um pai. Seja você um ótimo pai, um pai distante ou um pai que apenas vê os filhos algumas vezes por ano, haverá muitos momentos em que você acreditará no fundo do coração que seu filho ou filha realmente não o quer por perto. E como alguém que já ouviu milhares de crianças, deixe-me lhe dizer: a rejeição que você sente por parte delas não é real porque *não tem a ver com você*. Tem a ver com elas mesmas e seus sentimentos de embaraço ou inadequação. O importante a aprender com Virginia e seu pai é isso: *nunca permita que um sentimento de rejeição o impeça de ir em frente e de reatar com seu filho ou filha.*

Como todo herói diante de um obstáculo, você precisa respirar profundamente e ir a fundo porque seu filho ou filha precisa de você mais do que consegue exprimir. Sua tenacidade e perseverança têm de contribuir, sua disposição para perdoar e pedir desculpas tem de ser acionada.

Talvez hoje você não se sinta um herói. Ouço o tempo todo pais que dizem: "Sei que não estou me saindo muito bem, mas...". Eu sempre lhes faço a seguinte pergunta: "Por que você acha que não está se saindo tão bem"?

Às vezes, eles dizem não serem pacientes, atenciosos e afetuosos ou que não escutam com a devida atenção. Sejam quais forem os motivos, *eles não importam*. Mais importante do que eles é sua disposição para tentar. Você não tem de ser super afetuoso para ser um herói, não tem de ir a cada jogo de futebol, e nem sempre ser um bom ouvinte.

Obviamente, você tem defeitos, assim como todos os pais e *todos os heróis*. Seus defeitos não o impedem de ser um herói aos olhos de seus filhos.

O passado passou, e o importante é o que você faz daqui em diante. Seu filho quer mais de você. Sua filha quer algumas coisas simples de você. E quando entregar essas poucas coisas, você venceu. Eles irão querer estar com você e responderão positivamente às suas propostas de compromisso.

Analise suas barricadas

Reflita sobre o que o está impedindo de ter um relacionamento mais forte com seus filhos. Pode ser um conflito de personalidades; pode ser que sua filha o faça lembrar de sua ex-mulher; ou o fato de você vir exausto e irritável do trabalho para casa, e perder facilmente a cabeça; ou talvez você tenha um vício em jogo, sexo ou álcool com o qual precisa lidar.

Seja o que for, homens são pragmáticos, gostam de fazer listas, resolver problemas e realizar coisas. Então, identifique o problema e corrija-o. Com frequência, quando eu falo com pais, é só disso que eles precisam: disposição para encarar um problema, em vez de se retirar e tentar ignorá-lo, e depois a decisão de resolvê-lo. Está inteiramente ao seu alcance resolver os relacionamentos imperfeitos com seus filhos. Isso pode dar trabalho e demandar tempo, mas com perseverança, perdão e compromisso, seu relacionamento com eles certamente será restaurado. O que distingue pais excelentes dos outros é seu empenho para remover todas as barricadas que os impedem de ter um bom relacionamento com os filhos. Você precisa fazer disso uma prioridade, porque nada é mais importante para eles — nem para você.

Meta pessoal: perseverar e desculpar

Você é o pai, não a criança, e tem o poder de remover as barricadas que o separam de seus filhos; você tem o poder de perdoá-los — e de perdoar a si mesmo por não ter controlado seu temperamento, por ter dito coisas que magoam, ou por sua negligência no passado.

Então, perdoe quaisquer membros da família que o feriram. Pais heroicos não guardam ressentimentos, se apegam ao que é bom e se esquecem do resto. Perdão não é apenas uma das maiores dádivas que você pode oferecer a seus filhos, mas também à sua mulher e a si mesmo.

Faça um plano

Quando se trata de seus filhos, resolver coisas é exatamente o que você consegue fazer. O pai de Virginia curou o relacionamento deles indo até ela, mesmo após mais de uma década de distanciamento. Será que ele estava nervoso? Com certeza. Será que ele temia mais rejeição — ou até fúria ou causticidade por parte da filha? Provavelmente. De qualquer forma, ele a procurou, apesar de todos os obstáculos do passado, e venceu.

Caso seu filho ou filha precise de você, e se quiser se conectar melhor com ele ou ela, aqui está uma maneira simples de começar. Antes de dormir, sente-se na beira da cama deles e pergunte como foi o dia. Na verdade, não importa o que eles digam, nem se eles disserem apenas "bem", virarem de lado e caírem no sono. Você fez o gesto correto, e o filho guardará isso no coração. Continue assim, e mais cedo ou mais tarde seu filho começará a se abrir e também ansiará por essas conversas para encerrar o dia.

Caso haja muita tensão ou mágoa no relacionamento com seu filho, avance lenta e persistentemente. Nunca desista de tentar. Reserve um tempo especial para ficar a sós com ele. Descubra o que ele gosta de fazer e faça junto. Em vez de empurrá-lo para *seus* passatempos, entre na seara *dele* e partilhe as paixões *dele* à medida do possível, pois você não precisa fingir coisa alguma.

Com as filhas, a ênfase é menos em fazer do que em conversar — e, afortunadamente para os pais, não é preciso falar demais, basta fazer perguntas específicas e escutar. Ao contrário do que você pode achar, meninas adolescentes realmente gostam de conversar com os pais, mas com frequência sentem que eles não fazem as perguntas certas ou escutam para valer as respostas que elas dão. Posso garantir que se você quiser sinceramente ouvir o que se passa na cabeça de sua filha, com o que ela se preocupa ou o que está sentindo, ela irá falar. Então, em vez de dizer, "como foi seu dia na escola?", pergunte algo como, "eu sei que vocês têm lutado para a treinadora ser mais razoável; como ela está tratando seu time agora"?

Descubra no que ela tem interesse (amigos, atletismo, roupas, música) e faça perguntas sobre esses temas. Para a conversa fluir, leve-a de carro a algum lugar e desempenhem missões pequenas juntos. Passar um tempo sozinhos no carro é uma ótima oportunidade para iniciar conversas que de outro modo talvez não acontecessem.

Filhos ficam mais próximos dos pais por meio de atividades. Então, com frequência, a melhor maneira de criar uma boa ligação com eles é jogar bola ou ir a um jogo. Essas atividades podem lhe parecer insignificantes, mas mudam a vida do seu filho.

Uma grande reflexão é o que gostaria que seu pai tivesse feito quando você tinha 5, 10, 15 ou 20 anos. Você tem a chance de fazer essas coisas agora, então aproveite. O menino em você — ainda há uma criança no interior de cada homem — apreciará isso tanto quanto seu filho.

Ser um herói para seus filhos pode não ser fácil, mas é simples. Viva com coragem, aguente a pressão e os fardos inerentes à liderança. Persevere, não desista, seja tenaz com amor e fale de maneira gentil e sábia. Use o exemplo bom ou mau de seu próprio pai como guia de coisas a fazer ou a evitar. Ser um pai-herói não significa consertar tudo, e sim acertar nas coisas maiores. E grande parte disso requer esforço e compromisso.

Caso tenha lido este livro, você tem o compromisso, e espero ter lhe dado alguns indicadores e ferramentas úteis. Cabe a você aproveitá-los ao máximo. O jogo está em curso e, você, pai-herói, agora tem de entrar em campo novamente. Estou confiante de que você pode vencer.

AGRADECIMENTOS

Gostaria de expressar o apreço profundo pela minha agente literária e amiga, Shannon Litton da 5by5. Você tem defendido meu trabalho há anos e lhe agradeço por seu apoio inquebrantável. Anne Mann, você tem estado comigo nas páginas de cada livro, palestra e *podcast*, e não há palavras para expressar o quanto valorizo seu carinho e lealdade.

Minha equipe na Regnery é notável. Harry Crocker, meu editor, é o melhor do ramo. Maria Ruhl, você também tem feito um trabalho maravilhoso. Obrigada, Marji Ross, pela sua amizade e crença em meu trabalho na liderança da Regnery, e por ser a mulher extraordinária que é. Sou grata a meu amigo e advogado Bob DeMoss, sem o qual este livro talvez não existisse. Meus agradecimentos a Mark Bloomfield e Alyssa Cordova, e para você, Gary Terashita, por seu trabalho árduo em nome da Regnery Faith.

Dois membros da minha equipe na 5by5 merecem honras por seu profissionalismo e ajuda notáveis: Grant Jenkins e Rachel Pinkerton. Andrea Lucado, você tem contribuído muito com suas habilidades na escrita.

Agradeço também aos pais excelentes que me inspiraram a escrever este livro: Dave Ramsey, Dave Tyree, Benjamin Watson, Blake Thompson, Jeremy Breland, Les Parrott, Henry Cloud e Michael Junior. Por fim, meus agradecimentos aos inúmeros pais que, em minha prática pediátrica, tenho visto cuidarem primorosamente das crianças.

BIBLIOGRAFIA

Esta bibliografia comentada visa facilitar sua busca por referências úteis para questões específicas. As referências estão agrupadas em questões que afetam exclusivamente os pais, pais com filhas, e pais com filhos ou filhas.

Questões Paternas

Beaton J, Hallman M, Dienhart A. "A qualitative analysis of fathers' experiences of parental time after separation and divorce." Fathering 2007;5.

Bronte-Tinkew J et al. "Symptoms of major depression in a sample of fathers of infants: Sociodemographic correlates and links to father involvement." Journal of Family Issues 2007;28.

Castillo J, Sarver C. "Nonresident father' social networks: The relationship between social support and father involvement." Journal of the International Association for Relationship Research 2012;19.

Davis RN et al. "Fathers' depression related to positive and negative parenting behaviors with 1-year-old children." Pediatrics 2011;127.

Geller A. "Paternal incarceration and father-child contact in fragile families." Journal of Marriage and Family 2013;75.

Guzzo KB. "New fathers' experiences with their own fathers and attitudes toward fathering." Fathering 2011;9.

Hawkins AJ et al. "Increasing fathers' involvement in child care with a couple-focused intervention during the transition to parenthood." Family Relations 2008;57.

Helbig S et al. "Is parenthood associated with mental health? Findings from an epidemiological community survey." Social Psychiatry and Psychiatric Epidemiology 2006;41.

Holmes EK, Huston AC. "Understanding positive father-child interaction: Children's, fathers', and mothers' contributions." Fathering 2010;8.

Jones J, Mosher WD. Fathers' involvement with their children: United States,

2006-2010. Hyattsville, MD: National Center for Health Statistics, 2013.

Kim P et al. "Neural plasticity in fathers of human infants." Social Neuroscience 2014;9. DOI: 10.1080/17470919. 2014. 933713.

Lerman RI. "Capabilities and contributions of unwed fathers." The Future of Children 2010;20.

McGill BS. "Navigating new norms of involved fatherhood: Employment, fathering attitudes, and father involvement." Journal of Family Issues 2014;35.

McLaughlin K, Muldoon O. "Father identity, involvement and work–family balance: An in-depth interview study." Journal of Community and Applied Social Psychology 2014;24.

Milkie MA, Denny KE. "Changes in the cultural model of father involvement: Descriptions of benefits to fathers, children, and mothers in parents' magazine, 1926-2006." Journal of Family Issues 2014;35.

National Center for Fathering. Fathering in America. Kansas City, KS: National Center for Fathering, 2009.

Solomon CR. "I feel like a rock star: Fatherhood for stay-at-home fathers." Fathering 2014;12.

Stevenson MM et al. "Marital problems, maternal gatekeeping attitudes, and father-child interaction." Developmental Psychology 2014;50.

Taylor P et al. "A tale of two fathers: More are active, but more are absent." Washington, D.C.: Pew Research Center, 2011.

Troilo J, Coleman M. "Full-time, part-time full-time, and part-time fathers: Father identities following divorce." Family Relations 2012;61.

Questões de Pais e Filhas

Albert B. With one voice: America's adults and teens sound off about teen pregnancy. Washington, DC: National Campaign to Prevent Teen Pregnancy, 2007.

Antecol H, Bedard K. "Does single parenthood increase the probability of teenage promiscuity, substance abuse, and crime?" Journal of Popular Economics 2007;20.

Burn VE. "Living without a strong father figure: A context for teen mothers' experience of having become sexually active." Issues in Mental Health Nursing 2008;29.

Butler AC. "Child sexual assault: Risk factors for girls." Child Abuse & Neglect 2013;37(9).

Coley RL, Votruba-Drzal E, Schindler HS. "Fathers' and mothers' parenting predicting and responding to adolescent sexual risk behaviors." Child Development 2009;80.

Deardorff J et al. "Father absence, body mass index, and pubertal timing in girls: Differential effects by family income and ethnicity." Journal of Adolescent Health 2011;48(5).

East L, Jackson D, O'Brien L. "'I don't want to hate him forever': Understanding daughter's experiences of father absence." Australian Journal of Advanced Nursing 2007;24.

Ellis BJ et al. "Impact of fathers on risky sexual behavior in daughters: A genetically and environmentally controlled sibling study." Development and Psychopathology 2012;24(1).

Ellis BJ et al. "Does father absence place daughters at special risk for early sexual activity and teenage pregnancy?" Child Development 2003;74.

La Guardia AC, Nelson JA, Lertora IM. "The impact of father absence on daughter sexual development and behaviors: Implications for professional counselors." The Family Journal 2014;22(3).

Ikramullah E et al. Parents matter: The role of parents in teens' decisions about sex. Washington, DC: Child Trends, 2009.

Jordahl T, Lohman BJ. "A bioecological analysis of risk and protective factors associated with early sexual intercourse of young adolescents." Children and Youth Services Review 2009;31.

Mitchell KS, Booth A, King V. "Adolescents with nonresident fathers: are daughters more disadvantaged than sons?" Journal of Marriage and Family 2009;71.

Reese BM et al. "The association between sequences of sexual initiation and the likelihood of teenage pregnancy." The Journal of Adolescent Health 2013;52(2).

Sturgeon SW. The relationship between family structure and adolescent sexual activity. Washington, DC: The Heritage Foundation, 2008.

Questões de Pais e Crianças

Adamsons K, Johnson SK. "An updated and expanded meta-analysis of nonresident fathering and child well-being." Journal of Family Psychology 2013;27.

Black KA, Schutte ED. "Recollections of being loved: Implications of childhood experiences with Parents for Young Adults' Romantic Relationships." Journal of Family Issues 2006 out.

Bronte-Tinkew J et al. "Involvement among resident fathers and links to infant cognitive outcomes." Journal of Family Issues 2008;29.

Bronte-Tinkew J, Moore KA, Carrano J. "The father-child relationship, parenting styles, and adolescent risk behaviors in intact families." Journal of Family Issues 2006;27.

Carlson MJ. "Family structure, father involvement, and adolescent behavioral outcomes." Journal of Marriage and Family 2006;68.

Cavanagh SE, Huston AC. "Family instability and children's early problem behavior." Social Forces 2006;85.

Coley RL, Medeiros BL. "Reciprocal longitudinal relations between nonresident father involvement and adolescent delinquency." Child Development 2007;78.

Garfield CF, Isacco A. "Fathers and the well-child visit." Pediatrics 2006;117.

Goldscheider F et al. "Fatherhood across two generations: Factors affecting early family roles." Journal of Family Issues 2009;30.

Goncya EA, van Dulmen MH. "Fathers do make a difference: Parental involvement and adolescent alcohol use." Fathering 2010;8.

Green B et al. "Father involvement, dating violence, and sexual risk behaviors among a national sample of adolescent females." Journal of Interpersonal Violence 2014. Disponível em: http://jiv.sagepub.com/.

Hendricks CS et al. "The influence of father absence on the self-esteem and self-reported sexual activity of rural southern adolescents." ABNF Journal 2005;16.

Keizer R et al. "A prospective study on father involvement and toddlers' behavioral and emotional problems: Are sons and daughters differentially affected?" Fathering 2014;12.

King V, Sobolewski JM. "Nonresident fathers' contributions to adolescent well-being." Journal of Marriage and Family 2006;68.

Kotila L, Dush C. "Involvement with children and low-income fathers' psychological well-being." Fathering 2013;11.

Kruger DJ et al. "Local scarcity of adult men predicts youth assault rates." Journal of Community Psychology 2014;42(1).

Lewin A et al. "The protective effects of father involvement for infants of teen mothers with depressive symptoms." Maternal and Child Health Journal 2015;19.

Lundberg S, McLanahan S, Rose E. "Child gender and father involvement in fragile families." Demography 2007;44.

Martin A, Ryan MR, Brooks-Gunn J. "When fathers' supportiveness matters most: Maternal and paternal parenting and children's school readiness." Journal of Family Psychology 2010;24.

Newland L, Chen H, Coyl-Shepherd D. "Associations among father beliefs, perceptions, life context, involvement, child attachment and school outcomes in the U.S. and Taiwan." Fathering 2013;11.

Nock SL, Einolf CJ. The One Hundred Billion Dollar Man: The Annual Public Costs of Father Absence. Germantown, MD: National Fatherhood Initiative, 2008.

Patock-Peckham JA, Morgan-Lopez AA. "College drinking behaviors: mediational links between parenting styles, parental bonds, depression, and alcohol problems." Psychology of Addictive Behaviors 2007;21.

Potter D. "Psychological well-being and the relationship between divorce and children's academic achievement." Journal of Marriage and Family 2010;72.

Pougnet E et al. "The intergenerational continuity of fathers' absence in a socioeconomically disadvantaged sample." Journal of Marriage and Family 2012;74(3).

Reeb BT, Conger KJ. "The unique effect of paternal depressive symptoms on adolescent functioning: Associations with gender and father–adolescent relationship closeness." Journal of Family Psychology 2010;23.

Saffer BY, Glenn CR, Klonsky DE. "Clarifying the Relationship of Parental Bonding to Suicide Ideation and Attempts." Suicide and Life-Threat Behavior 2004. DOI: 10.1111/sltb.12146.

Saracho ON. "Fathers and young children's literacy experiences in a family environment." Early Child Development and Care 2007;177.

Sarkadi A et al. "Fathers' involvement and children's developmental outcomes: a systematic review of longitudinal studies." Acta Pædiatrica 2008;97.

Schutte E, Black K. "Recollections of Being Loved: Implications of Childhood Experiences with Parents for Young Adults' Romantic Relationships." Journal of Family Issues 2006;27(10).

Questões Gerais

Abraham E et al. "Father's brain is sensitive to childcare experiences." Proceedings of the National Academy of Sciences of the United States of America 2014;111.

Administration for Children and Families. Responsible Fatherhood 2014. Disponível em: http://www.acf.hhs.gov/ programs/ofa/programs/healthy-marriage/responsible-fatherhood.

Jackson RA, Forste R, Bartkowski JP. 'Just be there for them': Perceptions of fathering among single, low income men." Fathering 2009;7.

Allen AN, Lo CC. "Drugs, guns, and disadvantaged youths: Co-occurring behavior and the code of the street." Crime & Delinquency 2012;58(6).

Anthes E. "Family Guy: Fathers No Longer Just Backup Parents." Scientific American Mind 2010 mai/jun.

Aquilino WS. "The noncustodial father-child relationship from adolescence into young adulthood."Journal of Marriage and Family 2006;68.

Arria AM et al. "Suicide ideation among college students: A multivariate analysis." Archives of Suicide Research 2009;13.

Barnett RC, Gareis KC. "Shift work, parenting behaviors, and children's socioemotional well-being: A within-family study." Journal of Family Issues 2007;28.

Bendheim-Thomas Center for Research on Child Wellbeing and Social Indicators Survey Center. "CPS involvement in families with social fathers." Fragile Families Research Brief 2006.

Bendheim-Thomas Center for Research on Child Wellbeing and Social Indicators Survey Center. "CPS involvement in families with social fathers." Fragile Families Research Brief 2010.

_____. "Predictors of homelessness and doubling-up among at- risk families." Fragile Families Research Brief 2008;43.

_____. "Parents' relationship status five years after a non-marital birth." Fragile Families Research Brief 2007;39.

Berger LM, Cancian M, Meyer DR. "Maternal re-partnering and new-partner fertility: Associations with nonresident father investments in children." Children and Youth Services Review 2012;34.

Bryan DM. "To parent or provide? The effect of the provider role on low-income men's decisions about fatherhood and paternal engagement." Fathering 2013;11.

Butler AC. "Child sexual assault: Risk factors for girls." Child Abuse & Neglect 2013;37(9).

Bzostek SH, Carlson MJ, McLanahan SS. Mother'sunion formation following a nonmarital birth: Does mother know best? Working paper #2006-27-FF. Princeton, NJ: Center for Research on Child Wellbeing, Princeton University, 2007.

Cancian M et al. "Who gets custody now? Dramatic changes in children's living arrangements after divorce." Demography 2014;51.

Carlson MJ, Furstenberg FF. "The prevalence and correlates of multipartnered fertility among urban U.S. parents." Journal of Marriage and Family : 2006;68.

Castillo J, Welch G, Sarver C. "Walking a high beam: The balance between employment stability, workplace flexibility, and nonresident father involvement." American Journal of Men's Health 2012;6.

Cavanagh K, Dobash RE, Dobash RP. "The murder of children by fathers in the context of child abuse." Child Abuse & Neglect 2007;31.

Cobb-Clark DA, Tekin E. "Fathers and youths' delinquent behavior." Review of Economics of the Household 2014;12(2).

Coley RL, Medeiros BL. "Reciprocal longitudinal relations between nonresident father involvement and adolescent delinquency." Child Development 2007;78.

Creech SK, Hadley W, Bosari B. "The impact of military deployment and reintegration on children and parenting: A systematic review." Professional Psychology: Research and Practice 2014;.45.

Fabricius WV, Luecken LJ. "Post divorce living arrangements parent conflict, and long-term physical health correlates for children of divorce." Journal of Family Psychology 21.

Fomby P, Cherlin AJ. "Family instability and child well-being." American Sociological Review 2007;72.

Freeman H, Almond TM. "Mapping young adults' use of fathers for attachment support: implications on romantic relationship experiences." Early Child Development & Care 2012;180.

Galovan A et al. "Father involvement, father-child relationship quality, and satisfaction with family work: Actor and partner influences on marital quality." Journal of Family Issues 2014;35.

Geller A et al. "Beyond Absenteeism: Father incarceration and child development." Demography 2011;49.

Gibson-Davis CM. "Family structure effects on maternal and paternal parenting in low-income families." Journal of Marriage and Family 2008;70.

Glenn N, Whitehead BD. Mama Says: A National Survey of Mothers' Attitudes on Fathering. Germantown, MD: National Fatherhood Initiative, 2009.

Glenn N, Popenoe D. Pop's Culture: A National Survey of Dads' Attitudes on Fathering. Germantown, MD: National Fatherhood Initiative, 2006.

Goldberg JS. "Identity and involvement among resident and nonresident fathers." Journal of Family Issues 2015;36.

Grall T. Custodial Mothers and Fathers and Their Child Support: 2007. Washington, DC: U.S. Census Bureau, 2009.

Custodial Mothers and Fathers and Their Child Support: 2011. Washington, DC: U.S. Census Bureau, 2013.

Guterman NB et al. "Fathers and maternal risk for physical child abuse." Child Maltreatment 2009;14.

Harcourt KT et al. "Examining family structure and half-sibling influence on adolescent well-being." Journal of Family Issues 2015;36(2).

Hilton NZ, Harris GT, Rice ME. "The step-father effect in child abuse: Comparing discriminative parental solicitude and antisociality." Psychology of Violence 2015;5(1).

Hofferth SL. "Residential father family type and child well-being: investment versus selection." Demography 2006;43.

Hognas RS, Carlson MJ. "Like parent, like child?: The intergenerational transmission of nonmarital childbearing." Social Science Research 2012;41.

Jablonska B, Lindberg L. "Risk behaviours, victimisation and mental distress among adolescents in different family structures." Social Psychiatry & Psychiatric Epidemiology 2007;42.

Jethwani, Mincy MR, Klempin S. "I would like them to get where I never got to: Nonresident fathers' presence in the educational lives of their children." Children and Youth Services Review 2014;40.

Kalmijn M. "Long-term effects of divorce on parent-child relationships: Within-family comparisons of fathers and mothers." European Sociological Review 2013;29.

Kane JB, Nelson TJ, Edin K. "How much in-kind support do low-income nonresident fathers provide? A mixed-method analysis." Journal of Marriage and Family (2015) doi/10.1111/jomf.12188/references.

King V. "When children have two mothers: relationships with nonresident mothers, stepmothers, and fathers." Journal of Marriage and Family 2007;69.

Knoester C, Hayne DA. "Community context, social integration into family, and youth violence." Journal of Marriage and Family 2005;67.

Kreider RM. "Living arrangements of children 2004." Current Population Reports (70-114). Washington, DC: U.S. Census Bureau, 2008.

Lang DL et al. "Multi-level factors associated with pregnancy among urban adolescent women seeking psychological services." Journal of Urban Health 2013;90.

Lee CS, Doherty WJ. "Marital satisfaction and father involvement during the transition to parenthood." Fathering 2007;5.

Li K et al. "Drinking and parenting practices are predictors of impaired driving behaviors among U.S. adolescents." Journal of Studies on Alcohol and Drugs 2014;75(1).

Luscombe, B. "Marriage: What's it Good For?" Time 176 (2015).

Manlove J et al. "Family environments and the relationship context of first adolescent sex: Correlates of first sex in a casual versus steady relationship." Social Science Research 2012;41(4).

Manning WD et al. "Cohabitation expectation among young adults in the United States: Do they match behavior?" Population Research and Policy Review 2014;33.

Martin J et al. "Births: Final data for 2012." National Vital Statistics Reports 62;9. Hyattsville, MD: National Center for Health Statistics, 2013.

Martin SP. "Trends in marital dissolution by women's education in the United States." Demographic Research 2006;15.

McClain L, DeMaris A. "A better deal for cohabitating fathers? Union status differences in father involvement." Fathering 2013;11.

McLanahan S. "Fragile families and the reproduction of poverty." Annals of the American Academy of Political and Social Science 2009;621.

Mehall KG et al. "Examining the relations of infant temperament and couples' marital satisfaction to mother and father involvement: A longitudinal study." Fathering 2009;7.

Mokrue K, Chen YY, Elias M. "The interaction between family structure and child gender on behavior problems in urban ethnic minority children." International Journal of Behavioral Development 2011-2012;36(2).

Murray J, Farrington DP, Sekol I. "Children's antisocial behavior, mental health, drug use, and educational performance after parental incarceration: A systematic review and meta-analysis." Psychological Bulletin American Psychological Association 2012;138.

Nepomnyaschy L. "Fathers' involvement with their nonresident children and material hardship." Social Service Review 2011;85.

Oldehikinel AJ et al. "Parental divorce and offspring depressive symptoms: Dutch developmental trends during early adolescence." Journal of Marriage and Family 2008;70.

Osborne C, McLanahan S. "Partnership instability and child well-being." Journal of Marriage and Family 2007;69.

Palmer EJ, Gough K. "Childhood experiences of parenting and causal attributions for criminal behavior among young offenders and non-offenders." Journal of Applied Social Psychology 37 (2007).

Patock-Peckham JA, Morgan-Lopez AA. "College drinking behaviors: Mediational links between parenting styles, parental bonds, depression, and alcohol problems." Psychology of Addictive Behaviors 2007;21(3).

Paulson JF, Keefe HA, Leiferman JA. "Early parental depression and child language development." Journal of Child Psychology and Psychiatry 2009;50.

Puhlman D, Pasley K. "Rethinking maternal gatekeeping." Journal of Family Theory & Review 2013;5.

Ramchandani PG et al. "Do early father–infant interactions predict the onset of externalising behaviours in young children? Findings from a longitudinal cohort study." Journal of Child Psychology and Psychiatry 2013;54.

Raub JC et al. "Predictors of custody and visitation decisions by a family court clinic." Journal of the American Academy of Psychiatry and the Law Online 2013;41.

Reed S, Bell J, Edwards T. "Adolescent well-being in Washington State military families." American Journal of Public Health 2011;101.

Ryan RM. "Nonresident fatherhood and adolescent sexual behavior: A comparison of siblings approach." Developmental Psychology 2015;51(2).

Sawhill IV. "Teenage sex, pregnancy, and nonmarital births." Gender Issues 2006;23.

Schmeer KK. "The child health disadvantage of parental cohabitation." Journal of Marriage and Family 2011;73(1).

Schoen R, Lansdale NS, Daniels K. "Family transitions in young adulthood." Demography 44.

Shah M, Gee R, Theall K. "Partner support and impact on birth outcomes among teen pregnancies in the United States." Journal of Pediatric and Adolescent Gynecology 2014;27.

Smaldone A, Honig JC, Byrne MW. "Sleepless in America: inadequate sleep and relationships to health and wellbeing of our nation's children." Pediatrics 2007;119.

Smith Stover C, Spink A. "Affective awareness in parenting of fathers with co-occurring substance abuse and intimate partner violence." Advances in Dual Diagnosis 2013;5.

Smith Stover C, Easton C, McMahon TJ. "Parenting of men with co-occurring intimate partner violence and substance abuse." Journal of Interpersonal Violence 2015;28.

Sobolewski JM, Amato PR. "Parents' discord and divorce, parent-child relationships and subjective well-being in early adulthood: is feeling close to two parents always better than feeling close to one?" Social Forces 2007;85.

Stykes J. Nonresident Father Visitation (FP-12-02). Bowling Green, OH: National Center for Family & Marriage Research, Bowling Green State University, 2012.

Taylor P et al. "A tale of two fathers: More are active, but more are absent."

Tillman KH. "Family structure pathways and academic disadvantage among adolescents in stepfamilies." Journal of Marriage and Family 2007;77.

Turner HA et al. "Family structure, victimization, and child mental health in a nationally representative sample." Social Science & Medicine 2013;87.

Turney K, Wildeman C. "Redefining relationships: Explaining the countervailing consequences of paternal incarceration for parenting." American Sociological Review 2013;78.

U.S. Census Bureau. "Children/1 by presence and type of parent(s), race, and hispanic origin/2: 2014. Table C9." Washington, DC: U.S. Census Bureau, 2015.

U.S. Census Bureau. "Living arrangements of children under 18 years/1 and marital status of parents, by age, sex, race, and Hispanic origin/2 and selected characteristics of the child for all children: 2014." Washington, DC: U.S. Census Bureau, 2015.

U.S. Census Bureau. America's families and living arrangements: 2012. Washington, DC: U.S. Census Bureau, 2013.

_____. Facts for Features: Father's Day: June 15, 2014. Washington, DC: U.S. Census Bureau.

_____. Live births, deaths, marriages, and divorces: 1960 to 2008. Washington, DC: U.S. Census Bureau, 2012.

U.S. Department of Health and Human Services. Information on poverty and income statistics: A summary of 2012 current population survey data. 2012. Extraído de: http://aspe.hhs. gov/hsp/12/PovertyAndIncomeEst/ib.cfm.

U.S. Department of Health and Human Services, Administration for Children and Families, Administration on Children, Youth and Families, Children's Bureau. Child Maltreatment 2013. Disponível em: http://www.acf.hhs.gov/sites/default/ files/cb/cm2013.pdf.

Vaszari JM et al. "Risk factors for suicidal ideation in a population of community-recruited female cocaine users." Comprehensive Psychiatry 2011;52.

Wake M et al. "Preschooler obesity and parenting styles of mothers and fathers: Australian national population study." Pediatrics 2007;12.

Waller MR. "Cooperation, conflict or disengagement? Coparenting styles and father involvement in fragile families." Family Process 2012;51.

Waller MR, Dwyer Emory A. "Parents apart: Differences between unmarried and divorcing parents in separated families." Family Court Review 2014;52.

Western B, Pettit B. "Collateral costs: incarceration's effect on economic mobility." Washington, DC: The Pew Charitable Trusts, 2010.

Wright CL, Levitt MJ. "Parental absence, academic competence, and expectations in Latino immigrant youth." Journal of Family Issues 2014;35(13).

Zhang S, FullerT. "Neighborhood disorder and paternal involvement of nonresident and resident fathers." Family Relations 2012;61(3).

Ziol-Guest KM, Dunifon RE. "Complex Living Arrangements and Child Health: Examining Family Structure Linkages with Children's Health Outcomes." Family Relations 2014;63.

Zito RC. "Family structure history and teenage cohabitation: Instability, socioeconomic disadvantage, or transmission?" Journal of Family Issues 2015;36(3).

Abaixo estão recursos que selecionei para pais que querem mais apoio.

Recursos para Pais

1. National Fatherhood Initiative. Disponível em: http://www.fatherhood.org/. Essa organização tem recursos maravilhosos para pais em todas as situações imagináveis.

2. National Center for Fathering. Disponível em: http://www.fathers.com/.

3. National Responsible Fatherhood Clearinghouse. Disponível em: https://www.fatherhood.gov/toolkit/home.

4. International Center of Fatherhood. Disponível em: http://icfatherhood.org/about-us/.

5. Ken Canfield, PhD. Disponível em: http://www.kencanfield.com/.

6. Every Man Ministries, Dr. Ken Canfield. Disponível em: https://www.everymanministries.com.

7. Fatherhood Research and Practice Network. Disponível em: www.frpn.org.

Livros

1. Meeker M., Strong Fathers, Strong Daughters: Ten Secrets Every Father Should Know (Washington, DC: Regnery Publishing, 2007). Eu escrevi esse livro para mostrar aos pais quem eles são aos olhos de suas filhas. Ele é inspirador e até hoje continua sendo um *best-seller*.

2. Canfield K., Seven Secrets of Effective Fathers (Carol Stream, IL: Tyndale Publishing, 1992). O doutor Ken Canfield é especialista em pais e há muitos

anos se dedica a ajudá-los. Além de estar a par das pesquisas disponíveis, ele também entende das orientações úteis a pais. Recomendo esse livro prático e de fácil compreensão para qualquer pai em dificuldades.

3. Smalley G, Trent J. The Blessing (Nashville: Thomas Nelson, 2004). Esse livro excelente é para quem nunca teve a "bênção" de seus próprios pais, ou seja, para homens que tiveram um relacionamento tumultuado com os pais. Homens repetem com os filhos os ciclos de sofrimento que tiveram com os próprios pais, e todo pai que quer romper tal ciclo, deve recorrer a esse livro de exercícios.

4. Tozer AW. The Attributes of God: The Journey into a Father's Heart (Christian Publications, 1996). Essa é uma leitura recomendável para homens que querem entender melhor o Deus Pai. Ninguém é mais brilhante em descrever isso do que o teólogo Tozer AW.

5. Raeburn P. Do Fathers Matter? What Science is Telling Us About the Parent We've Overlooked (New York: Scientific American, 2014). Esse livro excelente descreve pesquisas formidáveis sobre pais. Os dados citados têm comprovação científica e mostram claramente a importância fundamental dos pais aos olhos dos filhos. Dirija-se a uma biblioteca ou livraria e dê uma olhada nos capítulos. Ao folhear o livro por 10 minutos, você verá a abundância de pesquisas que corroboram a importância da influência paterna.

6. Canfield K. The Heart of a Father: How You Can Become a Dad of Destiny (Chicago: Northfield Press, 1996). Esse livro é mais antigo, mas o conteúdo continua atual. Caso aprecie a filosofia do doutor Canfield e é um pai interessado em ter um impacto positivo sobre seus filhos e netos, este é um recurso excelente.

7. Ahrons C. "Bom Divorcio, O - Como Manter A Familia Unida Quando O Casamento Termina." Editora Objetiva - 2007.

Notas
Capítulo 1: Você é um herói

1. Anthes E. "Family Guy: Fathers No Longer Just Backup Parents", Scientific American Mind (maio/junho de 2010). Disponível em: https://www.scientificamerican.com/article/family-guy/.

2. Ibid.

3. Sarkadi A et al. "Fathers' involvement and children's developmental outcomes: a systematic review of longitudinal studies", Acta Pædiatrica 2008;97:153-8.

4. Ibid.

5. The FIJI-News, Newsletter of the Father Involvement Initiative — Ontario Network, vol. 1 (outono de 2002). Disponível em: http://www.ecdip.org/docs/pdf/IF%20Father%20Res%20Summary%20(KD).pdf.

6. Amato, 1994; Barber & Thomas, 1986; Barnett, Marshall, & Pleck, 1992; Bell, 1969; Furstenberg & Harris, 1993; Harris, Furstenberg, & Marmer, 1998; Lozoff, 1974; Snarey, 1993.

7. Pruett K. Fatherneed: Why Father Care is as Essential as Mother Care for Your Child (Nova York, NY: Harmony, 2001).

Capítulo 5: Três perguntas que você deve responder a seu filho

1. Goncya EA, van Dulmena MH. "Fathers do make a difference: Parental involvement and adolescent alcohol use", Fathering 2010;8:93-108.

2. Gerberding JL. M.D., M.P.H. Report to Congress: Prevention of Genital Human Papillomavirus Infection, Centers for Disease Control and Prevention, Department of Health and Human Services Director, Janeiro de 2004. Disponível em: https://www.cdc.gov/std/hpv/2004hpv-report.pdf.

3. Fitch TJ. "How Effective Are Condoms in Preventing Pregnancy and STDs in Adolescents?" Austin, Texas: The Medical Institute, Julho de 1997.

LEIA TAMBÉM OS LIVROS DO AUTOR
BEST-SELLER INTERNACIONAL EM EDUCAÇÃO E PSICOLOGIA INFATOJUVENIL, O MÉDICO
DANIEL SIEGEL

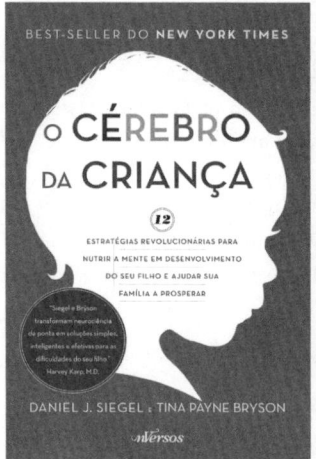

"Siegel transforma a neurociência de ponta em soluções simples, inteligentes e efetivas para as dificuldades do seu filho."
Harvey Karp, M.D.

Disponíveis nas principais livrarias

nVersos

www.nversos.com.br   /nVersosEditora   @nVersosEditora